浙江省中等职业教育示范建设课程改革创新教材

青瓷语文

潘春华　主编

许积龙　叶建明　副主编

科学出版社

北　京

内 容 简 介

本书以龙泉当地学校和学生的独特性与差异性为出发点，充分挖掘和利用龙泉市作为世界唯一的陶瓷类非物质文化遗产的青瓷资源和相关的青瓷文化资源，在传统的语文教学课堂中有机融入和体现龙泉市地方或学校的青瓷专业特色，旨在激发学生学习语文的兴趣，使学生能在深度上和广度上拓展语文学习，进一步掌握语文这一文化载体和交际工具，争取成为符合新时代需要的合格人才。

本书内容以龙泉市人民创作的诗文为主，内容包括走近青瓷、漫话青瓷、诗咏青瓷和瓷韵人生四个单元，揭示了龙泉人与青瓷的渊源，反映了他们对青瓷艺术的理解，抒发了他们对人生和社会的感悟，独具特色。部分文章后安排了练习与思考，加深学生对文章的阅读与理解，巩固知识，提高其理解和写作能力。

本书适合作为青瓷及相关专业学生的教材，也可供对青瓷感兴趣的读者参考。

图书在版编目（CIP）数据

青瓷语文 / 潘春华主编 . —北京：科学出版社，2017
（浙江省中等职业教育示范建设课程改革创新教材）
ISBN 978-7-03-050331-2

Ⅰ．①青… Ⅱ．①潘… Ⅲ．①语文课－教学研究－中等专业学校 Ⅳ．① G633.302

中国版本图书馆 CIP 数据核字（2016）第 258105 号

责任编辑：陈砺川 王会明 / 责任校对：陶丽荣
责任印制：吕春珉 / 封面设计：东方人华设计部

科 学 出 版 社出版

北京东黄城根北街 16 号
邮政编码：100717
http://www.sciencep.com

三河市骏杰印刷有限公司印刷
科学出版社发行　　各地新华书店经销
*

2017 年 3 月第 一 版　　开本：787×1092 1/16
2017 年 3 月第一次印刷　　印张：6 3/4
字数：150 000
定价：32.00 元
（如有印装质量问题，我社负责调换〈骏杰〉）

销售部电话 010-62136230　编辑部电话 010-62135397-2008

编写指导委员会

《青瓷语文》编写组

前　言

　　龙泉因剑得名，凭瓷生辉，素有"中国青瓷之都""中国宝剑之邦"的美誉。龙泉青瓷和龙泉宝剑是我国两大珍贵的历史文化瑰宝，2600年的制剑史和1700年的烧瓷史薪火相传，铸就了璀璨的剑瓷文化，为传承、繁荣浙江文化做出了积极的贡献，是浙江省对外交流的两张重要的"金名片"。2009年9月，龙泉青瓷传统烧制技艺捧回"人类非物质文化遗产"证书，成为全球唯一一个入选的陶瓷类项目。龙泉市具有得天独厚的青瓷底蕴和历史文化，也养育了一代又一代龙泉文化名人。特别是改革开放以来，龙泉青瓷又迎来发展的大好机遇，龙泉市现有青瓷产业500余家，从业人员20000多人。龙泉市中等职业学校秉承"依托产业办专业，办好专业促产业"的理念，于2003年设立陶瓷工艺专业，2007年，陶瓷工艺专业被评为省级示范专业，实训基地被评为省级示范实训基地；2010年，龙泉市中等职业学校被评为浙江省非物质文化遗产传承教学基地；2012年，该专业被评为省级特色专业；2013年，龙泉市中等职业学校（青瓷工艺）被评为首批全国职业院校民族文化传承与创新示范点，成为龙泉青瓷专业技术人才的培养中心。2016年2月，经省教育厅批准，筹建龙泉青瓷宝剑技师学院。2016年，招收了一个陶瓷工艺高级技工班、一个五年一贯制陶瓷工艺班、一个3+2陶瓷工艺班、一个预备技师班和一个中专班，共200多人，以满足社会发展对青瓷产业人才的需求。

　　为了继承和发扬青瓷艺术，弘扬青瓷文化，提高中等职业院校学生的语文素养，增强学生使用语文工具的能力和写作能力，在学校党政领导的关心和支持下，在龙泉市文联、作协的积极配合与支持下，我们组织编写了本书。在此，对所有关心和支持本书的同人表示衷心的感谢！

　　本书以教育部《中等职业学校语文教学大纲》为依据，按照教育部《关于深化职业教育教学改革、全面提高人才培养质量的若干意见》（教职成〔2015〕6号）和《关于进一步深化中等职业教育教学改革的若干意见》（教职成〔2008〕8号）及《浙江省中等职业教育课程改革方案》（浙职成教〔2014〕126号）等文件精神，执行《龙泉市中等职业学校选修课程改革方案》编写而成，可作为陶瓷工艺专业的必修课配套用书和其他专业选修课用书。

　　本书的编写遵循"创新性""实用性""地方性""特色性""语文味""精读与泛读相结合"的指导思想，尊重中等职业院校学生语文水平的差异性，按照语文教学规律，在教学内容选择、教学模式运用、教学方法、写作实践和语文综合实践活动等方面进行了深入探索和有益创新，旨在充分体现龙泉市青瓷文化的特色及龙泉市中等职业学校青瓷专业的特色，以期通过教学，激发学生学习语文的兴趣，使其能在深度和广度上拓展知识面，进一步掌握语文这一文化载体和交际工具，成为符合新时代需要的合格人才。

　　本书的编写特色如下。

　　1.工具性与人文性有机结合，体现语文课程性质。

　　学习本书，可以积累词汇，训练语感，培养听、说、读、写和鉴赏青瓷作品的能力。书中内容都与青瓷有关，具有丰富的人文性和历史文化积淀。

2. 青瓷文化与地方作者相结合，独具地方特色。

青瓷文化历史悠久，而龙泉市区域性明显，本书内容均由龙泉本土作家和教师创作，其中蕴含的文化元素具有浓郁的地方特色。

3. 精读性与选读性相结合，突出了教学的灵活性。

本书内容包括精读内容、选读内容和补充资料。每单元的精读内容，学生可在教师的教学指导下，进行深入理解与掌握；选读内容供学生自学和教师选择性补充教学，以星号标识；补充资料在对应节下以"知识链接"的形式出现，选择与本节教学有关的课外资料，帮助学生扩展知识面，拓宽视野。

4. 内容合理性与实用性相结合，主线分明。

本书以青瓷语文为主线，以体现人文精神、增进艺术修养和培养语文应用能力为选取标准，让学生在阅读文本、欣赏作品、诵读诗文、写作、实践等活动中完成学习目标，体现了"分则自成系列，合则互资利用"的设计理念。

5. 文字与图片相结合，形象且美观。

本书配有 60 多幅图片，既增强了美观性，让学生在美丽视觉冲击下，感悟青瓷艺术魅力，又加深了印象，激发学生学好语文的欲望。

本书分为四个单元。单元一为"走近青瓷"，通过青瓷历史、青瓷制作工艺、青瓷欣赏及青瓷大师介绍，让学生初步了解青瓷知识，为后面文章的阅读和理解打好基础；单元二"漫话青瓷"选取了故事性、纪实性和抒情性等类型的文章，引导学生领略青瓷的独特魅力和语言的艺术；单元三"诗咏青瓷"，选取了龙泉本土诗人多种形式的诗作，让学生接受诗歌艺术的熏陶，提高阅读和理解诗歌的能力；单元四"瓷韵人生"，选取了龙泉文人鉴赏大师关于青瓷作品的美文，既让学生学习鉴赏青瓷艺术，也让学生体会作者对艺术与人生的感悟。每个单元先设计单元导读，然后安排精读课 3～4 篇、选读课 1～2 篇，部分文章后以"知识链接"的形式补充阅读资料；课后设计练习与思考、写作训练或综合实践活动，加深学生对文章的理解，巩固所学，提高其阅读理解和写作能力。

本书由潘春华任主编，由许积龙、叶建明任副主编。具体编写分工如下：潘春华负责组织编写工作并编写了单元四，许积龙编写了单元一，林彬编写了单元二，叶建明编写了单元三，高峰、徐雪婷、王仙爱、季银龙负责编排及图片处理工作。另外，林忠港是本书编写顾问，在书稿成型过程中提出了大量改进建议。

由于编者水平有限，书中不足之处在所难免，恳请广大读者批评指正。

潘春华

2016 年 10 月

目录

单元一
走 近 青 瓷

单元导语

瓷器是中国古代伟大的发明。青瓷以瓷质细腻、线条明快流畅、造型端庄淳朴、色泽纯洁而斑斓著称于世。青瓷"青如玉，明如镜，声如磬"，被誉为"瓷器之花"，是瓷中之宝。唐代释皎然用"素瓷雪花缥沫香，何似诸仙琼蕊浆"的诗句形容青瓷的美妙绝伦；唐代陆龟蒙的《秘色越器》中"九秋风露越窑开，夺得千峰翠色来。好向中宵盛沆瀣，共嵇中散斗遗杯"更成唱瓷经典。本单元让我们回望青瓷历史，了解青瓷制作流程，学习鉴赏青瓷作品，致敬现当代青瓷大师，一起在课堂中传承非遗荣光，培养工匠精神。

本单元共收录5篇文章。《梅子青时》采用散文手法，跨越千年，回望历史。《复杂制作工艺，成就青瓷艺术》深入浅出地说明了青瓷的制作流程。《最美的青瓷出何时——宋元两朝龙泉青瓷欣赏对话录》以记者访谈的形式指导学生鉴赏宋元的青瓷艺术，旨在提高学生的青瓷鉴赏能力。《走近龙泉青瓷艺术大师》带我们走近现当代著名青瓷大师，感悟青瓷艺人的不平凡人生；"知识链接"板块补充了其他艺人的作品，让学生欣赏各种类型的作品风格。《龙泉窑鉴赏指南》以年代为导引鉴赏不同时期的青瓷特色；"知识链接"板块列举了不同年代的陶瓷，让学生对瓷器的发展有更深入的了解。

第一节 梅子青时

许积龙 整理

不知道有多少地道的龙泉人和我一样曾对青瓷这个名称感到过好奇。在龙泉，青色指的是青蓝色、深蓝色，甚至是黑色，或许是青深到一定程度极接近黑色以至难分伯仲；而龙泉本地的绿色瓶瓶罐罐也叫青瓷，小时候的我着实对这个颜色的区分迷惑不解。

《现代汉语词典》释义：青，从生，从丹；本义蓝色，又可指深绿色；指黑色。这正好印证为何称黑色为青色。青还可喻青春年少，引申义中还有"未成熟的农作物"这一解释。这一释义不仅让我理解了为何称之为青瓷，也明白了梅子青这一釉色的由来。梅子青是南宋龙泉窑创制的杰出青釉品种，因釉色浓翠莹润，如青梅色泽，故而得名。梅子青釉与粉青釉同被誉为"青瓷釉色与质地之美的顶峰"。我更愿意把此中的"青"作动态理解，翟翁武把玩龙泉青瓷时发出的赞叹"雨过天青云破处，梅子流酸泛绿时"精确注解了梅子青的动态色彩，

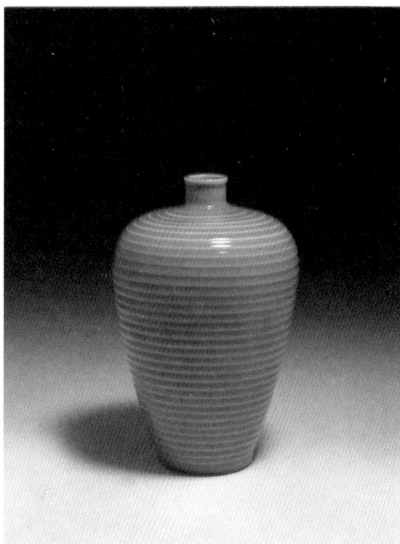

青瓷瓶

同时也让很多人以为这诗句是古人的写瓷杰作。其实，原句"雨过天青云破处，者般颜色做将来"是帝王给汝瓷的御批，至于是唐玄宗还是宋徽宗，抑或是后周世宗已不重要，当然，若是宋徽宗用"瘦金体"御批那该有多美！但翟老的"流酸泛绿"只为龙泉梅子青量身打造。

瓷器脱胎于陶而又高于陶，从一万多年前的旧石器时代能让人类吃上熟食的笨拙而单调的陶器，到商代的原始青瓷，肯定受不到君王的青睐。商汤及商纣宴饮桌上满眼尊、爵、酒觚皆为青铜器。中国真正的瓷器出现在东汉至三国及两晋时期，汉光武帝刘秀打败王莽庆祝时手端的酒杯依然是"扫六合刀斧，绣石上锦缎"的青玉酒爵。不知文韬武略的曹操高歌"何以解忧，唯有杜康"时，浙江越窑胎质细腻、釉汁纯净的碗、碟、罐、洗、杯会不会入他法眼。此时浙西南一隅龙渊之地汲取越窑和瓯窑的制瓷技术与经验，开始烧制青瓷。只是这时青瓷作品制作粗糙，窑业规模也不大。

五代吴越国的统治者每年向中原君主贡上不计其数的"秘色瓷"。越州窑场无力承担如此庞大的生产数量，于是龙渊窑便因担负贡器使命而得到了发展契机。传说宋朝的章氏兄弟于凤阳山下、瓯江水畔挥汗如雨，挖山立窑，史称哥窑、弟窑，成为龙泉窑系的代表。传说的真假已不重要，小小龙泉360多处窑址，哥窑如神龙般见首隐尾，与著名的官、汝、定、钧并称宋代五大名窑。北宋中期，巧夺天工的"秘色瓷"以及后来南宋精美绝伦的粉青和梅子青的烧制成功，标志着龙泉窑进入全面鼎盛时期。梅子青釉层厚而透明，釉质莹润，苍翠欲滴，色调可与翡翠媲美。梅子青品种仅在南宋一朝烧造，存世极少，又多为仿古铜器和玉器造型的古雅之品，弥足珍贵。梅子青如唐人之诗歌，宋人之词令，冠绝古今，从此江湖釉色之争盖棺定论，龙泉窑也一跃成为江南第一名窑。浪漫而神秘的名字——"雪拉同"更是

龙泉青瓷惊艳欧亚贵族的历史佐证。

来自草原的元代统治者，或许是看腻了如茵青草的色系，在江西景德镇设立了"浮梁瓷局"，浮梁县令更是官居五品，实属罕见。青花瓷如熊熊烈火迅速成燎原之势，此时盛极的龙泉青瓷虽然还处在巅峰，但显然已到了拐点。明、清两代是中国瓷器生产最鼎盛时期，瓷器生产的数量和质量都达到了高峰。"瓷都"景德镇窑统治明、清两代瓷坛长达数百年。当时，各种颜色的釉瓷和彩绘瓷是景德镇制瓷水平的突出代表，在清代康熙、雍正、乾隆三朝达到历史上的最高水平，是中国陶瓷发展史上的第二个高峰。至于龙泉青瓷，青花是绕不过去的宿命，是朋友也好，是对手也罢，景瓷的繁荣如洪水般吞噬一切，加上海禁，到清代，龙泉窑十存不及一二，产品质量更是江河日下，一朵苍翠欲滴、温润典雅的青瓷之花至此凋敝，这一荒芜就是半个多世纪。

青瓷大碗

1957 年，周恩来同志指示"恢复青瓷生产"，1958 年春天点燃了恢复龙泉青瓷的第一炉窑。即便如此，我对龙泉青瓷印象最深的就是乡下有个国营瓷厂，到 20 世纪 90 年代就倒闭破产，小镇满街下岗工人。目力所及，龙泉人家吃饭盛菜几乎全是景瓷、德化瓷，甚至潮州瓷。龙泉窑真正的再一次全面崛起是在 21 世纪初。2009 年，龙泉青瓷传统烧制技艺是目前唯一入选世界非物质文化遗产的陶瓷类项目，复兴之路高歌猛进。

20 世纪的景德镇，草木皆瓷不为过，艺人遍地也不为过。在这里，画笔控据半壁江山；在这里，瓷已成为纸的替代品；在这里，充斥眼球的只有丹青水墨；画笔的空前地位，成就了热烈奔放、艳丽繁华的艺术品位，也成就了画师的只手遮天。而那陶瓷艺人，可怜地打了下手，收入也不丰厚。21 世纪初，景德镇的陶瓷艺人们结伴南下浙江，龙泉也自然成了他们的第一选择，他们将制瓷技术融进龙泉青瓷，使得龙泉青瓷又迎来了新的繁荣。

如今的龙泉市，"倚门回首，却把青梅嗅"。愿龙泉的梅子青真正成为人类陶瓷的明珠。

练习与思考 »»»

1. 给下列加点字注音。

撷取（　　）　　　　酒觚（　　）　　　　羞涩（　　）

媲美（　　　）　　　　吞噬（　　　）　　　　瓷器（　　　　）

凋敝（　　　）　　　　崛起（　　　）　　　　半壁江山（　　　）

2.解释下列词语。

文韬武略

艳丽繁华

物是人非

苍翠欲滴

高歌猛进

温润典雅

鬼斧神工

3.宋代五大名窑是什么？各窑属地在哪里？各有何特色？

4.从文中看，青瓷的发展分为哪几个阶段？请简述。

第二节　复杂制作工艺，成就青瓷艺术

高峰　整理

在众多的艺术品类中，陶瓷是历史最为悠久的一个；而在众多的陶瓷种类中，龙泉青瓷又是最为璀璨夺目的一个。故宫博物院古陶瓷专家陈万里先生曾经说过："一部中国陶瓷史，半部在浙江；一部浙江陶瓷史，半部在龙泉。"龙泉青瓷创烧于五代，鼎盛于南宋。明朝郑和就带着龙泉青瓷下西洋，并将其传入了欧洲。龙泉青瓷以青翠典雅的釉色吸引了欧洲的人们，赢得"雪拉同"的美名。2009年9月，龙泉青瓷传统烧制技艺被正式列入《人类非物质文化遗产代表作名录》，成为全球唯一入选的陶瓷类项目，受到世人瞩目。那龙泉青瓷又是如何烧制出来的呢？

龙泉青瓷传统烧制技艺是一种集制作性、技能性和艺术性于一体的传统手工艺。其制作性与技能性主要表现在原料配制、成型装饰、高温烧成等方面。具体包括粉碎、淘洗、陈腐、练泥、成型、晾干、修坯、装饰、素烧、上釉、装匣、装窑、烧成十三道工序。

一、原料配制

龙泉地区优良而丰富的原料资源是发展陶瓷业的基本条件，龙泉青瓷以哥、弟二窑闻名于世，弟窑出品温润如玉，色泽青翠欲滴，胜似翡翠，又称"龙泉窑"；哥窑青瓷以瑰丽古朴的纹片为装饰手段，如冰裂纹、蟹爪纹、牛毛纹、流水纹、鱼子纹、膳血纹、百圾碎等，加之其釉层饱满、莹洁，素有"紫口铁足"之称，堪称瓷中珍品。

青瓷为世人所称道，这些重要的艺术特征都与紫金土有着密不可分的关系。龙泉的紫金土含铁量极高，而铁的氧化还原正是青瓷之"青"的奥秘所在。可以说"没有紫金土，就没有龙泉瓷"。

青瓷原料紫金土

开采好的紫金土等原材料，还需要粉碎、淘洗、压滤、陈腐、配料、制釉等进一步加工。其中，压滤是用设备挤干原料中的水分。陈腐是将制好的坯料在保温的情况下放置于阴凉房间内一段时间，一般需半年至一年。

釉是青瓷之魂。制釉是一项很关键的技术。龙泉青瓷的制釉一般是用较硬的瓷石、石灰石、紫金土按一定的比例配制成原始釉，再调加各类辅料，如加氧化铬的，发色偏绿；加氧化钴的，发色偏蓝；加草木灰的，增加釉中的钾含量，有利于烧成后形成玻璃相。

二、成型装饰

手工成型是龙泉青瓷艺术瓷成型的最主要方法，主要有以下几种：一是拉坯成型，这是古今龙泉青瓷圆器最主要的成型方法；二是用泥条盘筑连接成型；三是泥板拼接成型；四是捏塑成型，适用于雕塑类作品的制作，小型雕塑可以直接捏塑成型后上釉烧成，大型雕塑类作品应以手工捏塑出母体，再分解制出石膏模具，通过注浆成型后再粘接成型。虽然工艺复杂，但可以用模具反

青瓷成型装饰

复注浆，批量生产。

　　青瓷的装饰是指在青瓷的坯体上进行各种方式的艺术加工，使青瓷产品的艺术性和档次得到提高。龙泉青瓷的装饰，自古以来就有其独特的技法，那就是刻刀胜于画笔，以刀功和捏塑对青瓷进行装饰，不像白瓷主要用画笔在釉下或釉上进行绘画装饰。

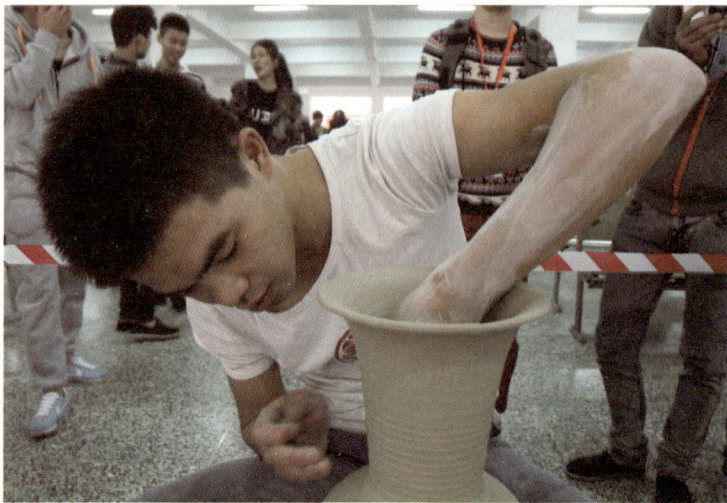

青瓷制作

　　龙泉青瓷主要的传统装饰技法有刻花、划花、篦划、剔花、镂雕、印花、堆贴、露胎贴花、捏塑、综合装饰等。当代青瓷艺人创新了许多装饰技法，包括象形开片、哥弟窑绞胎、原始瓷灰釉、哥窑开片控制、哥窑米黄釉、哥弟窑结合、书法入瓷、以画入瓷等。这些创新的技艺和装饰技法产生了大量创新的作品，极大地丰富了现代龙泉青瓷的品种。

三、高温烧成

　　工艺师通过模具或手工方式制成坯体，修坯到位后，再经过装饰加工、补水和清除灰尘后就可以进行素烧和上釉了。

　　素烧是龙泉青瓷上釉前不可缺少的一道工序，是将待上釉的青瓷坯体放入窑中焙烧，温度在800～900℃，以基本烘干坯体的水分，使坯体的质地达到陶器的硬度，以便于吸附釉水。有的薄胎青瓷为了追求厚釉的玉质美感需要多次素烧，多次施釉，这样增加了工艺的难度，是龙泉青瓷厚釉烧制的必要步骤。当代使用机器喷釉法后，也是通过多次喷釉来达到釉厚如玉的艺术效果的。

　　上釉又称过釉，是青瓷施釉的过程，即在成型的陶瓷坯体表面施以釉浆。根据不同的器型、不同的艺术效果要求，可以选用不同的施釉方法。这些施釉方法包括蘸釉、荡釉、

素烧

浇釉、刷釉、吹釉、洒釉、轮釉、点釉、喷釉等。

接下来就是烧制，古今青瓷的烧制方法差别很大，这是由窑炉和燃料的不同造成的。

古代龙泉青瓷用龙窑烧成。古代龙窑一般依山而建，倾斜度为10°～30°，长达数十米，上有烟囱，下有窑头，远看形似卧龙，故称龙窑，以当地出产的松柴杂木为燃料。烧制分四个环节。第一个环节是装匣，在烧制前窑工必须制作大大小小的各种匣钵备用，匣钵由龙窑近处的一般黏土制成，将施釉后晾干的坯件按不同的器型分别装入匣钵即完成装匣。高大的器物在窑内装匣，小的器物在窑外装匣。第二个环节是装窑，将装好瓷坯的匣钵装入窑室。装窑也有技术要求，装窑人员要熟悉窑位，匣钵的排列要合理、有序，把最主要的器物放到最好的窑位，才能烧出高品质的青瓷。第三个环节是烧成，俗称"烧窑"，这是青瓷烧制过程中最关键的一步。烧窑的技术性很强，因此古代就有专门的烧窑师傅，在景德镇称为"把桩师傅"。他们从点火到熄火都要亲自把关，凭借积累的经验，对各种烧成阶段心中有数。陶瓷的烧制在高温环境下完成，这是人力所难以控制的。民间认为烧制的过程由神灵左右，于是每次点火前还要进行一套祭祀仪式，以求神灵保佑。点火后，先烧窑头八个小时左右，需柴火五六千斤。烧窑头后就逐渐往上烧窑室，当烧到第七室匣钵发红时，关闭窑门，烧窑室。窑室两边都开有投柴孔，要同时烧，而且一般前后四个窑室同时烧，前室逐渐关闭而后室逐渐开启。一般龙窑要烧两天，结束后还需冷却三天三夜。第四个环节是开窑取瓷。

龙窑

现代青瓷用燃气棱式窑烧成，以液化气为燃料，干净环保，不需要匣钵保护坯体；棱式窑体积小，装拆灵活、方便，便于在室内建窑，给广大陶瓷工艺师建立个人工作室带来便利，是当代龙泉青瓷的主要烧制窑炉。

燃气棱式窑有感应温度计显示窑室内温度，便于烧成工艺师把握温度。其升温过程一般包括蒸发期、氧化焰、保温期、还原焰、高火氧化。其中高火氧化阶段需升温至1310℃，氧化附着在器物上的多余细炭末。一般烧制时间10～11小时，若烧大型器物，则需要15～16小时。燃气棱式窑的优点是成品率高。

燃气棱式窑

千百年来，龙泉窑深入人们生活的方方面面，产品制作规整，造型端庄优雅，釉色柔和含蓄，符合儒家文化思想，极具艺术之美。

练习与思考 >>>

1. 本文运用了哪些说明方法？

2. 龙泉青瓷的烧成环节在古今有何区别？如何掌握青瓷的烧成技术？

3. 紫金土是一种什么原料？在龙泉青瓷的烧制过程中有什么作用？

4. 做一做：选择特定材料，做一件自己满意的青瓷作品，体验各工艺环节的重要作用。

第三节　最美的青瓷出何时
——宋元两朝龙泉青瓷欣赏对话录

徐雪婷

记者：青瓷是中华民族艺术的瑰宝，龙泉青瓷是瑰宝中的明珠，宋元龙泉青瓷是中国青瓷史上的里程碑。对于这一点，教授您是怎么看的？

教授：是的，龙泉窑始于三国，兴于北宋，盛于南宋，继承发展于元明。龙泉青瓷在宋元时期达到青瓷史上的最高峰，南宋龙泉窑青瓷更以其典雅的造型、精巧的装饰和如美玉般的釉色而闻名于世。南宋中晚期，制瓷技艺登峰造极，梅子青、粉青釉达到了青瓷釉色的最高境界，在青瓷史上树起了不朽的丰碑。

世上最美的青瓷什么时候出现的？就是宋元时期，当时龙泉窑创造出青玉般的粉青和翡翠般的梅子青釉色，其釉色与质地之美前无古人，后无来者，成为巧夺天工的人造翠玉！即使在今天，当我们拥有一片粉青或梅子青釉残片时，也无不为其柔和典雅、绿如翡翠的釉色所倾倒。

据史料记载，当时"瓯江两岸，瓷窑林立，烟火相望，江中运瓷船只来往如织"。这印证了龙泉青瓷在宋元时代的鼎盛与辉煌。

宋代青瓷·五管瓶

记者：您能否谈一下北宋龙泉青瓷的艺术特点？

教授：北宋时期的器物，胎料采用当地含硅和含铁量较高的瓷石作坯，因此坯体显得较为厚重，给人以沉稳的感觉。胎色一般呈灰色或淡灰色，釉较薄，釉色青中带黄。这是因为当时使用的是石灰釉，所以高温时黏度较低，易流釉，釉面光泽感强。

北宋大写意刻划花达到空前水平。刻划花是这一时期的主要装饰，题材十分丰富，常见的有荷花、缠枝牡丹、焦叶纹、莲瓣纹、水波纹、云纹、波涛纹等。在技法上，根据题材的需要有直线、单线、双线、斜线、蓖纹等。此外，为了使器型更加丰富多彩，在有的器物上应用盘筑、粘贴、镂雕等技法，如多管瓶、五叶瓶、盘口壶等都采用上述技法。在工艺上，北宋时期多用支钉支烧，器物多有支钉痕。到了北宋晚期开始采用圈足内放垫饼垫烧。这一时期，除了烧造一般的日用器皿，如盘、碗、盒、罐、执壶、盏托等，梅瓶、多管瓶、盘口壶等都独具特色。产品创新方面已有很高的成就。

记者：能否具体讲一讲南宋时期的龙泉青瓷风格？

教授：南宋时期，青瓷艺人改进了胎土配方，在瓷石中掺入适量紫金土。由于紫金土中含有较高的氧化铝和氧化铁，铝的含量增加，抗弯度大大加强，制成薄胎瓷器，在高温下不易变形，解决了笨重呆板的问题，使龙泉窑产品壁薄如纸，轻盈秀美。

南宋龙泉青瓷改进了釉料的配方，由原来的石灰釉变成石灰碱釉，使釉色出现粉青、梅子青、豆青、米黄、蜜蜡、鹅皮黄、乌金等色，其中黑胎青瓷呈色较深，墨绿色是黑胎青瓷特有的颜色。石灰碱釉的特点是高温时黏度大，不易流动，这样可使釉层施得更厚，使器物外观更为饱满。为了获得最佳效果，匠师们还采取多次素烧、多次施釉的复杂工艺，使釉层变得更加丰厚，色泽更加沉稳。同时，匠师们还熟练地掌握了烧成温度和还原气氛，创造出青玉般的粉青釉和翡翠般的梅子青釉。所以，南宋龙泉哥窑产品釉色莹润，紫口铁足，黑胎开片，制作极其精细；弟窑产品白胎厚釉，以粉青和梅子青闻名于世。

南宋早期，龙泉青瓷产品从造型到装饰技法都延续了北宋的风格。产品主要是碗、盘等日常生活用品，胎多为灰白色。与北宋龙泉窑青瓷相比，质地更为致密，釉色更为纯正，以青灰釉为主，部分青中泛黄。装饰手法以刻划花为主，但装饰部位从前期的双面刻划转向单面刻划。纹饰题材大大减少，前期的双瓣短茎荷花、侧立形荷叶、篦纹仍有少量流行，大量流行四瓣长茎荷花和侧覆状荷叶，反映了南宋龙泉青瓷的装饰风格从烦琐逐步向简练的方向发展。

南宋中期以后，龙泉窑形成自身的风格："器物造型淳朴，器底厚重，圈足宽阔而矮，具有稳重感"。以香炉为例，南宋龙泉青瓷的香炉，器形上可分为鼎式炉、葱管足炉、八卦炉、四足炉、奁式炉等类别。在装饰手法和纹饰上流行使用刻划、篦点、篦划、团花、蕉叶纹、波浪、云纹和婴戏。宋中期以后，龙泉青瓷的造型和品种日渐丰富，除延续烧制早期的品种外，继而大量烧制鬲式炉、簋式炉、三足炉等器型的香炉。

考古发掘证明，南宋龙泉窑在烧制瓷器上完成了坯体、釉色、多次素烧、多次施釉以及熟练掌握烧成温度和还原气氛等复杂工艺后，其产品结构也作了重大调整，器型丰富多彩，其成品除日用器皿外，还有罐、盒、灯盏、渣斗、熏炉等。文具有笔筒、笔洗、水盂、笔架等，以及多种仿古铜器、古玉器的瓶。这时期的新产品有堆塑龙瓶、虎瓶、琮式瓶、荷叶盖罐、葫芦瓶、五管瓶等。一些以前不见的陈设、祭祀用器大批出炉，如鬲式炉、贯耳瓶、凤耳瓶、鱼耳瓶、八卦炉；文房用品也式样新颖，品类繁多。

记者：元代的龙泉青瓷的艺术风格有怎样的转变？

教授：元代的龙泉窑延续了南宋时期的制瓷规模，龙泉窑也成为元代南方青瓷窑系中规模最大、烧瓷量最高的窑系。元代的龙泉青瓷香炉釉色浑浊醇厚，色青但略偏灰，与温润如玉的宋炉釉色不同。这种风格的演变体现了蒙古族的审美风尚和文化习俗。

在装饰技法方面，元代龙泉青瓷香炉流行使用刻花、划花、贴花、印花、镂刻和堆贴工艺刻划的纹饰，高大粗犷的造型与细致的纹样形成精细与粗犷的对比，这也是元代龙泉青瓷与宋青瓷的迥异之处。在纹饰方面，人物纹、动物纹、植物纹、吉祥纹盛行，还流行汉字和八思巴纹。这些造物风格的演变都说明了元人在审美情趣上的转变。宋代以精细简约为美，元代则以高大浑厚为尚。元代龙泉青瓷在造型和装饰上与南宋时期相比都发生了显著的改变，其风格变化实质上是宋、元社会文化所引起的。

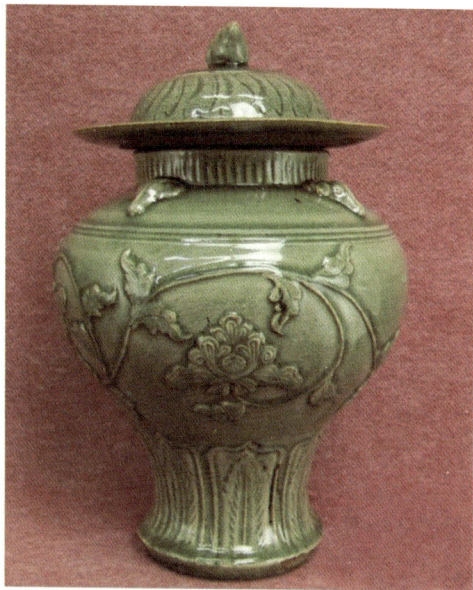

元代青瓷·大盖罐

简而言之，南宋龙泉青瓷，釉层偏厚，釉色如玉；纹饰以简单的单面刻花为主，工艺精湛，古朴典雅；釉面有少量流釉及轻微的开片现象。元代龙泉青瓷，胎厚色浅，釉色偏灰，器型厚重，底见釉斑。

记者：青瓷之美，首推龙泉；龙泉青瓷，宋元绝代。宋元时期龙泉青瓷达到了巅峰，品质高，影响大，盛名远播，产品远销亚、非、欧三大洲的50多个国家和地区，成为人们追求的目标，并以主角身份参与开拓了声名显赫的世界"海上陶瓷之路"。

练习与思考 >>>

1. 给下列加点字注音。

   瑰宝（　　）　丰碑（　　）　粗犷（　　）　巅峰（　　）

2. 解释下列词语。

   登峰造极

   巧夺天工

   声名显赫

3. 请简要概述宋、元两朝龙泉青瓷的艺术特色。

第四节 走近龙泉青瓷艺术大师

王仙爱 整理

在龙泉青瓷恢复发展的 50 多年历程中，有许多龙泉青瓷艺人为了振兴和发展龙泉青瓷事业，孜孜以求，奋斗不息，创造了不凡的业绩，目前已有徐朝兴、夏侯文、毛正聪、张绍斌四位大师获得了中国工艺美术大师和中国陶瓷艺术大师的双重荣誉称号，下面着重介绍徐朝兴大师的成长经历和艺术成就。

龙泉大师园徐朝兴工作室的建筑与景观设计

徐朝兴大师，1943 年生于浙江龙泉，第八届、第九届全国人民代表大会代表，龙泉青瓷烧制技艺国家级代表性传承人，浙江省青瓷行业协会会长。1956 年，拜著名老艺人李怀德学艺，至今一直从事龙泉青瓷艺术创作与工艺研究，有深厚的青瓷制作工艺功底和独特的艺术风格。他的作品继承了龙泉青瓷传统工艺的精华，实现了龙泉哥窑和弟窑的完美结合。他设计的产品融古瓷之神韵与现代创作观念于一炉，质朴自然、典雅含蓄，受到中外人士的高度评价和争相收藏，为中华瓷国争得了荣誉。他先后被评为浙江省劳动模范、全国优秀科技工作者并获全国"五一"劳动奖章。1992 年，被授予"有突出贡献的中青年专家"称号，享受国务院政府特殊津贴；1998 年，任浙江省工艺美术大师评审委员会评委；2002 年，任第七届全国陶瓷设计评比会评委。1979 年，其作品"中美友好玲珑灯"被选为外交部国家级礼品，现收藏在美国白宫；1982 年，其作品"52 厘米迎宾大挂盘"获第二届全国陶瓷设计评比一等奖、艺术瓷总分第一名，被称为当代"国宝"，现收藏在中南海紫光阁；1986 年，其作品"33 头云凤组合餐具"获第三届全国陶瓷评比一等奖、日用瓷总分第一名；1990 年，作品"65 厘米哥弟混合梅瓶"获第五届陶瓷设计评比二等奖，陈列在人民大会堂浙江厅；作品"30厘米露胎刻花瓶"等应邀参加新加坡龙泉青瓷展；1999年，作品"66厘米万邦昌盛吉庆瓶"被人民大会堂收藏；2000年，作品"哥弟混合三环瓶"被中国工艺美术馆收藏；2000年，作品"点缀纹片玉壶春"等，被中国历史博物馆收藏。

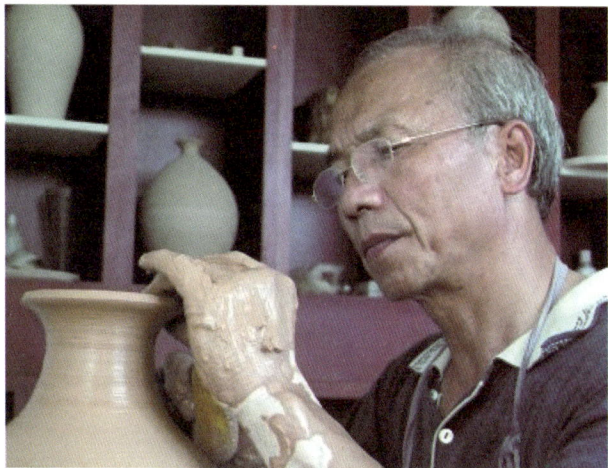

徐朝兴大师

一、命运让他与青瓷结缘

1956年，徐朝兴读完小学，由于家庭原因，无缘跨进中学的大门，走进了整天与泥巴打交道的青瓷作坊。从此，他与龙泉的青瓷结下了不解之缘。当时的上垟瓷厂是原始的土作坊，产品是一般的瓷器，其生产设施与普通的砖瓦作坊差不多。在作坊里，徐朝兴炼碗泥、揣泥坯、揉泥巴，脚上是泥，手上是泥，脸上和头上也沾着泥。在学徒生涯中，他不怕苦，不怕累，手脚勤快，常受到师傅们的夸奖。在学徒期间，由于虚心好学和勇于实践，徐朝兴不到两年就掌握了制作一般陶瓷器具的基本技能。

龙泉瓷厂转为生产龙泉青瓷是从1958年开始的。当时，龙泉哥窑和弟窑青瓷烧制技艺已经失传几百年。龙泉青瓷的恢复和生产源于周恩来同志的指示："一定要恢复我国历史名瓷！首先要恢复龙泉青瓷。"龙泉瓷厂在民间艺人和本厂职工中选拔了8人，组成仿古小组，开始了龙泉青瓷的恢复和仿制工作。徐朝兴与师傅李怀德同被选入仿古小组。经历了无数次失败，仿古小组终于在1959年国庆节前夕成功研制并生产出弟窑青瓷产品。这次试验不仅使徐朝兴尝到了研制青瓷的甜头，也看到了和泥巴打交道的前途。从此，他年轻的心灵锁定了对青瓷艺术的执着追求。

二、刻苦磨砺成就英才

1963年年初，龙泉瓷厂开始了哥窑产品的恢复研制工作，徐朝兴跟随师傅李怀德参加了此项研究。在专家和有关单位的共同努力下，哥窑的产品终于在当年试制成功。自此，龙泉青瓷再度迈上了辉煌的台阶。13岁进厂的徐朝兴，在龙泉著名青瓷艺人李怀德的指导下，刻苦学艺，经过十几年的努力，不仅具有了娴熟的制瓷技艺，而且练成了创作设计的基本功。

1976 年，他从试制组调至青瓷研究所，开始了新产品设计与科研工艺美术研究的生涯。在青瓷研究所，他博采众长，苦心钻研，反复实践，终于在 1979 年有了自己的第一件能摆进艺术殿堂的作品——中美友好玲珑灯。此作品高雅新颖，集实用性与观赏性于一体，被邓小平同志选为国礼赠送给美国总统卡特，现收藏在美国白宫。从 1956 年开始学艺到 1996 年被评为中国工艺美术大师，经过 40 个春秋的磨砺，徐朝兴完成了从泥匠人到艺术大师的转变。

龙泉青瓷研究所

　　20 世纪 80 年代，是龙泉青瓷的辉煌时期，也是徐朝兴的青瓷工艺美术生涯走向最高殿堂的阶段。1980 年，徐朝兴凭着在青瓷研究上的业绩和在瓷厂的表现，被提拔为龙泉青瓷研究所所长。龙泉青瓷界人才辈出，行家众多，担当此任非等闲之事，他肩负着带领一班人开发新产品的重任。徐朝兴是有心人，是一心扑在事业上的实干家。他苦心研究，与同行积极配合，在中美友好玲珑灯的基础上加以改进，成功地制作出了"孔雀玲珑灯"。此作品运用釉、刻、镂、雕等装饰手法，同时配上光、声、电，通过釉色层厚薄不同的调配，在孔雀灯上形成了透明与半透明的神奇效果。镂空的灯内安上彩灯，"孔雀"嘴中装上微型音响，接上电后，一只栩栩如生的孔雀就昂立在观赏者的眼前。这是徐朝兴在自己的艺术道路上跨出的极为成功的一步。他把传统工艺手段与现代艺术表现手法巧妙地结合在一起，从而把青瓷艺术的表现形式推向一个更高的层次。

一位著名的国际艺术大师说过："艺术最大的进步就在于创新，没有创新，艺术就没有生命。"徐朝兴大师提倡研究思路既要继承传统，更要创新。他研制的作品"33头云凤组合餐具"就是这种研究思路的成果。餐具历来是圆形的，他跨越这一传统常规，大胆设计成有棱角的器型，但组合起来又是传统的圆形花朵，给人一种视觉上的新奇感，心理上的满足感，既实用又具观赏性。这一杰作，在1986年第三届全国陶瓷评比中获日用瓷总分第一名，陶瓷评比一等奖。

在最近20年中，他是我国历届陶瓷作品评比中获奖最多的一位陶艺大师，其作品先后荣获全国陶瓷设计评比金、银奖数十项，作品多次被指定为国家级礼品，并被中南海紫光阁及人民大会堂、中国工艺美术馆、珍宝馆等作为国宝予以收藏和陈列。龙泉青瓷界高手众多，唯有他率先跨进了工艺美术的最高殿堂。

徐朝兴制作的哥弟窑结合三环瓶

三、市场弄潮再创业

在市场经济的冲击下，由于龙泉青瓷国有企业在体制及管理上的种种原因，1999年3月，徐朝兴所在的龙泉青瓷研究所破产关门，全部职工下岗。出于对青瓷事业的热爱和追求，也是为了一家人的生活出路和子女的前途，更是在龙泉市委"二次创业"精神和优惠政策的感召下，1999年4月，徐朝兴与家人开始筹划走上私营企业的创业路，开始创办朝兴青瓷苑。首先是资金，其次是场地。徐朝兴是一个以诚信为本的人，加上他是中国工艺美术大师，连续两届全国人民代表大会代表，凭着这一无价资本，他创办企业的贷款要求得到了上级和有关部门的支持。有了资金，场地问题就不难办了。虚心请教，博采众长，是徐朝兴当年做学徒工的优点，这一优点在他兴办企业的道路上照样发挥了用处。从厂房、展厅、门楼以及工艺流程布局、车间设施，他请教了许多行家，会同设计师共同磋商。徐朝兴的朝兴青瓷苑从奠基到厂房、窑炉等生产设施竣工，仅用了4个月时间，并立即开始滚动生产，当年就产生了经济效益。其他设施和装潢，如门楼、展厅、园区及绿化等，在启动生产过程中不断完善。就在这样繁忙的时候，徐朝兴也没有间断对青瓷的研究。当年9月，他成功地创作了难度很大的"66厘米万邦昌盛吉庆瓶"，得到了行家们的称赞。

朝兴青瓷苑的青瓷创作工艺师有3人。除了徐朝兴，还有他的儿子徐凌和儿媳竺娜亚。徐凌和竺娜亚都是浙江省级工艺美术大师。他们在陶瓷界已崭露头角，其作品"手足情""江南春""梅子青"和"秋韵系列"等，在全国陶瓷设计评比、上海工艺美术精品展和杭州西湖博览会上屡获金奖、银奖。

徐朝兴说，欣赏龙泉瓷时要先看造型，造型就是瓷器的"精气神"。好比在街上看到一女子，身材苗条，你就会忍不住多看一眼，之后去看她的五官是否标致。对瓷艺人来说，好的青瓷造型是成功的第一步。再看釉色，釉色就是青瓷的"气色"，青瓷的变化没有白瓷和彩瓷那么多（彩瓷可以有多种色彩），但就是一种青色，同样可以通过釉色的厚薄而产生多种变化。釉色就是一种肤色，是一种气质，用来表现青瓷的柔和、饱满与变化。最后才是工艺，即是否精湛。一件青瓷作品具有优美的造型、丰富饱满的釉色，让人忍不住把玩，才会去观察它的做工，它的细节。徐朝兴的话虽然说得简朴，却道出了鉴赏龙泉青瓷的要诀。

知识链接 其他艺人

1. 陈万里

陈万里，中国古陶瓷界泰斗，中国田野考古先驱。他从1928年至1941年的14年中，

陈万里

不辞辛劳，先后九次赴龙泉，八次去大窑村实地考察龙泉窑，写下大量的工作日记、旅途随笔。现代版《龙泉县志》中记载：1928年5月，陈万里首次作龙泉窑考古调查。对龙泉青瓷痴迷研究的初衷，陈万里先生在当时的日记中作了记载："民国十七年夏，余以视察旧处属各县地方政府南行，其初也，即以龙泉青瓷之见于载籍者，摘录若干则置之行箧，为便中实地调查时参考。最近旧瓷碎片之成箱装运外帮者尤多，夫在清初已有'李唐越器世间无，赵宋官窑晨星看'之叹。而运会所至，乃有今日之发现。顾出土器物虽丰富，国人茫然视之，竟不以为宝也。因此发愤，愿以视察余暇，从事勘查，勘查之后，试记大概，以唤起国人之注意，自问固之谫陋，亦不暇计矣。"

大窑村·陈万里纪念亭

通过对龙泉古青瓷窑、越窑等的实地考察研究，陈万里写出了考古研究的重要论文和专著，如《青瓷之调查及研究》《越器图录》《瓷器与浙江》等。《瓷器与浙江》是中国第一部田野考察报告，被誉为中国考古从传统的"书斋考古"走向科学的"田野考古"的里程碑，书中的许多论证已为现代考古发掘所证实。

2. 毛正聪

毛正聪

毛正聪，1940年生于浙江省龙泉市，中国工艺美术大师，中国陶瓷艺术大师，世界当代杰出陶瓷艺术家，被国务院评为"为科学技术事业做出突出贡献专家"，享受国务院特殊津贴，人类非物质文化遗产国家级代表性传承人，第二届、第三届中国陶瓷艺术大师评委。曾任龙泉瓷厂党总支书记、龙泉市青瓷研究所所长、龙泉市第九届人民代表大会常务委员、浙江省第七届政协委员。

毛正聪作品·紫光盘

毛正聪潜心从艺60多年来，坚持刻苦钻研，1965年研制成功半自动修坯机，提高工效六倍，为国内首创，获浙江省政府创造发明奖。1989年，毛正聪被称为"国宝"的作品"紫光盘""紫光瓶"作为当代龙泉青瓷的代表首选收藏陈列于中南海紫光阁，受到英国前首相撒切尔夫人、美国前国务卿基辛格的赞扬。2001年，其"千峰翠"等13件作品再次选送中南海紫光阁收藏陈列展示。1993年，毛正聪成功引进液化气烧制青瓷新工艺，缩短了烧制时间，减轻了工人的劳动强度，稳定了青瓷釉发色，提高了烧成合格率，为当代龙泉青瓷的发展奠定了坚实的基础。1999年，龙泉青瓷釉料配制技艺的研究获得新突破，毛正聪采用地产矿多元配制釉料技艺，采用多次施釉，烧制出纯正的梅子青、粉青、铁胎哥窑青瓷，作品釉层丰厚，质感细腻、温润，似冰如玉，工艺精细，器型简洁，彰显出厚重、素雅、浑朴的艺术风格，将当代龙泉青瓷的品质提升到更高境界。从1995年开始，毛正聪先后制作专用国礼1600余件，25件代表作品分别被中南海紫光阁、人民大会堂、钓鱼台国宾馆、故宫博物院、中国美术馆、中国工艺美术馆、浙江省博物馆、龙泉市青瓷博物馆、韩国国家博物馆、澳大利亚国家博物馆、德国贝多芬博物馆等收藏。毛正聪曾多次赴日本、新加坡、中国台湾、中国澳门举办作品展览，广受赞誉，并获得中国陶瓷名窑恢复

毛正聪作品·紫光瓶

与发展贡献奖、首届当代名窑传承奖，被龙泉市委市政府授予龙泉青瓷终身艺术成就奖。

1996年，毛正聪开始创办正聪青瓷研究所，培养子女们继承青瓷技艺，儿子毛伟杰、女婿蒋小红已获得高级工艺美术师职称、浙江省工艺美术大师称号，女儿毛一珍获得高级工艺美术师职称、丽水市工艺美术大师称号。

3. 夏侯文

夏侯文，江西省分宜县人，1963年毕业于景德镇陶瓷学院美术系，同年分配到龙泉瓷厂，从事青瓷产品的设计和工艺研究工作。他的理论基础扎实，具有丰富的实践经验和深厚的艺术功底。夏侯文几十年来创作设计了大量作品，并屡屡获奖。代表作品有《双鱼洗》《仿古莲花碗》《龙纹盘》等。

1993年，夏侯文被国务院授予"有突出贡献的科学技术专家"称号，并享受国务院及浙江省人民政府颁发的特殊津贴；1995年，被联合国教科文组织授予"中国民间一级工艺美术家"称号；2003年，被授予"中国陶瓷艺术大师"称号；2005年，获得"中国工艺美术终身成就奖"。

夏侯文

夏侯文作品·龙纹盘

夏侯文作品·龙纹尊

4. 张绍斌

张绍斌，1957 年出生于浙江龙泉一个青瓷世家，中国工艺美术大师，中国陶瓷艺术大师，享受国务院政府特殊津贴。2010 年，被选为六户"最浙江"家庭之一（全省工艺美术类唯一入选家庭），"入住"上海世博会浙江馆，爷孙三代展示龙泉青瓷的世代传承及艺术魅力。

多年来，张绍斌先后恢复了"薄胎厚釉""支钉架烧""金丝铁线纹饰"等南宋后即已失传的官窑青瓷烧制的关键技艺，并突破了青瓷薄胎不能烧制大件器型的陈规。首创"乌金边紫口"工艺，解决了青瓷器口唇流釉的难题，并研制成功"新米黄色哥窑"。这些工艺的恢复与创新，为其作品赢得"瓷中精品，当代官窑"的美誉。

观张绍斌的青瓷艺术，清纯洗练，温润凝神，既印证着大千世界的本真淳朴，又透溢出人文历史的情怀内涵，正所谓"空谷清音""会意传神"。

张绍斌

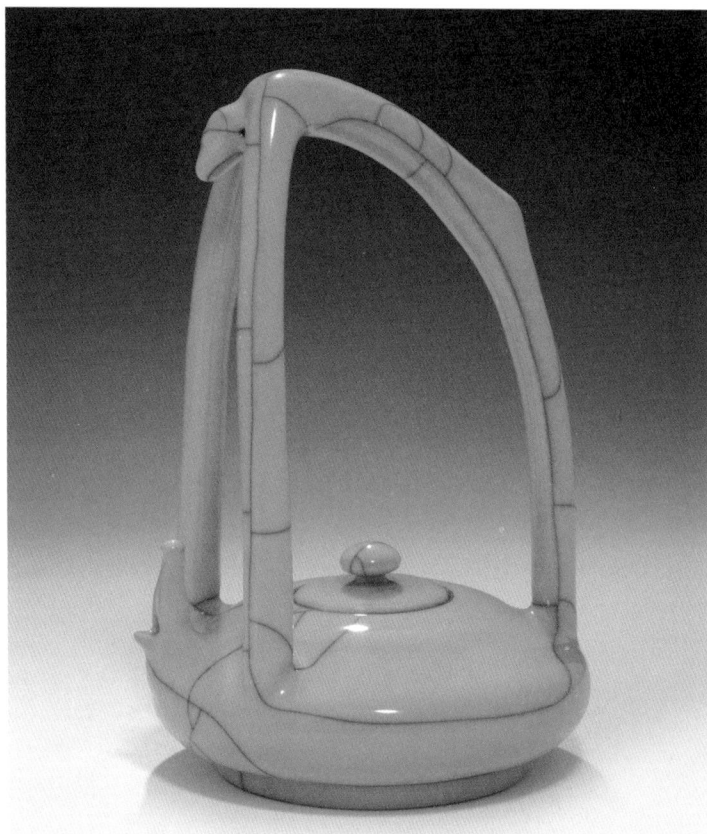

张绍斌作品·金猴戏龟

张绍斌作品·情丝

1. 读了上述材料，你认为要做一名出色的匠人乃至成为一名艺术大师，需要哪些精神品质？试结合上述材料或是身边熟悉的人物简要谈之。

2. 你有志于做一名青瓷艺人，投身家乡的青瓷事业吗？为什么？

3. 写作训练。

（1）假设你要做一台节目，采访上述四位大师中的一位，请设计好采访的问题，然后根据采访的内容写一篇采访稿或人物通讯。

（2）请以龙泉的宝剑、灵芝、香菇、木耳、汽车空调配件或安仁鱼头、茶丰泥鳅、查田馄饨等材料为主题，任选其一写一篇工艺制作说明文。

第五节　龙泉窑鉴赏指南*

潘春华　整理

米黄金丝双耳瓶和带盖大梅瓶

宋代龙泉窑在浙江省西南部的龙泉地区，故名"龙泉窑"。在龙泉、云和、丽水、遂昌、庆元等县（市）形成长达 200～300 公里的瓷窑带，有窑址 200 余处。

龙泉窑的器型有炉、尊、瓶、洗、琮、文房四宝、生活用品、供品、祭品等，造型讨喜，大小适中，釉色根据其含有绿色的深浅分为粉青、灰青、青黄、梅子青等，以梅子青为最佳釉色。梅子青大部分生产在南宋时期，而这一时期的器型又是制瓷最好的，大小适中，纹饰美。

北宋时纹饰以芦雁、水波、云纹、婴戏及篦点和篦划纹为主，浮雕莲瓣较多见，笔画流畅粗犷。

南宋时以白胎青瓷的莲瓣、弦纹、双鱼、龙纹、贴花牡丹为多。这时的花纹笔画精巧、画工细腻。

北宋、南宋的龙泉瓷还有如下差别：北宋的器底灰黑，南宋的器底赭红，这是制胎用料和精细度造成的。在龙泉窑的发展过程中，识别早、中、晚期的产品也是很重要的。因为同是宋代的龙泉窑制品，但其价值和珍藏要求是不一样的。

1. 龙泉瓷器的时代色

> 五代龙泉呈黄绿，绿中微黄北宋遇。
> 粉青龙泉烧南宋，梅子青色南宋细。
> 深黄微灰属明代，粉青微黄绿元器。
> 龙泉青绿铁作色，掺量极少还温记。

注解： 五代时的龙泉瓷器显黄绿色，属于弱还原温度，绿中微黄也常是北宋烧的弱温还原，南宋的粉青是中等还原温度，梅子青色是南宋用强还原温度控制的，梅子青被称为最好的釉色。明代的深黄微灰是用强氧化温度烧成的。粉青微绿是元代用强还原烧的，但它们的氧化铁和三氧化二铁的比例不一样，还原温度也不一样。龙泉掺铁量极少，是用还原温度来控制的，好的梅子青瓷器很少。

2. 龙泉窑时代的釉色

> 北宋胎白盘碗壶，施釉淡青胎灰如。
> 釉色青中又泛黄，南宋渣斗瓶和炉。
> 胎白色美粉青釉，青玉滋润翠美出。
> 刻划为主云水动，标志青瓷技成熟。
> 植物变形图案多，元器样多不孤独。
> 器大胎厚青泛黄，泛灰釉薄大明出。
> 吉祥人物釉光强，龙泉虽久各自如。

注解： 龙泉窑几个朝代都烧，而且很多地方都烧，宋代的很少。宋代的也分南宋、北宋的，南宋瓷比北宋的精致。时代不同，釉色也有区别，且加工上也有区别。以南宋梅子青为珍品，其刀工也很精到。

3. 南宋龙泉瓷创用灰碱釉加紫金土

> 高温流淌石灰釉，南宋龙泉灰碱釉。

可升高温烧好瓷，高温不流灰碱釉。

胎中加入紫金土，胎白生出翠青釉。

灰碱釉好翠绿美，美属温熔金属釉。

注解： 南宋时期，窑工出现南北技艺结合，在龙泉窑出现高温的灰碱釉。高温釉不易流淌，温度好控，提高了烧制的成功率。由于高温烧瓷的效果得到提高，在此基础上又加入紫金土，使得龙泉釉出现了翠青色。龙泉青瓷的胎是白色的，但显粗糙，因为龙泉用的土不如景德镇用的土好。

4. 龙泉窑

泡聚层层叠叠立，均密泡中石英粒。

好似冰糖碎釉下，恰似云团滚滚遇。

胎色灰白白中灰，釉胎边沿有红迹。

炉中烘烤朱红色，老釉不浮釉透丽。

新假釉亮半透明，胎釉泡足要注意。

深层用镜仔细看，能够看出料色粒。

注解： 龙泉青瓷釉下的气泡层层叠叠排列，像一团团的云朵；气泡中的石英石颗粒像压碎的冰糖一样，组成的花纹非常美观。其胎色灰中带白或白中带灰，釉胎边沿为红色。胎釉接触处有彩纹带酱色的印迹。老的釉透彻，釉层气泡千姿百态，新的半透明釉胎的面层都新，假的表面贼亮，过于透彻。真的用三四十倍放大镜看，釉层有色料没熔化的颗粒。深层用镜仔细看能够看出釉料的色粒。

知识链接 中国陶瓷发展史简述

叶建明　整理

1. 原始陶瓷

原始陶瓷

陶瓷的产生和发展，是同人们的生活和生产实践紧密相连的。大约在 70 万年以前的原始时代，人们就发现，将泥巴晾干后加火一烧就变得坚硬起来，而且可以做成各种形状来盛水、放食物等，这便是陶器产生的初始。陶器的发明是人类文明的重要进程，它揭开了人类利用自然、改造自然、与自然做斗争的新的一页，具有重大的历史意义，是人类生产发展史上的一个里程碑。从我国河北省阳原县泥河湾地区发现的旧石器时代晚期的陶片来看，在中国陶器的产生距今已有 11 700 多年的悠久历史。距今 7000 年仰韶文化的彩陶具有浓厚的生活气息和独特的艺术风格。其中的彩纹是在陶器未烧以前就画在陶坯上，烧成后彩纹固定在器物表面不易脱落。有的在彩绘之前，先涂上一层白色陶衣，使彩绘花纹更为鲜明。彩陶花纹主要有花卉图案和几何形图案，也有少数动物纹。几何形图案主要有弦纹、网纹、锯齿纹、三角纹、方格纹、垂幛纹等，人物纹样较少见。1973 年在青海大通县出土一件陶钵，其口沿内壁上画有三组跳舞的人群，五人一组，舞人动作整齐，姿态优美，精美异常。原始陶瓷还有距今 6000 多年的大汶口文化红陶和距今 4000 多年的龙山文化的黑陶与白陶。其中黑陶的烧成温度为 1000 度左右，有细泥、泥质和夹砂三种，尤以细泥薄壁黑陶制作水平最高，有"黑如漆、薄如纸"的美称。这种黑陶的陶土经过淘洗、轮制，胎壁厚仅 0.5 ~ 1 毫米，再经打磨，烧成后漆黑光亮，有"蛋壳陶"之称，表现出惊人的技巧，饮誉中外。

2. 商周陶瓷

商周陶瓷

白陶器出现于龙山文化晚期。在商代，青铜器的制作成就辉煌，但普通人的日常生活用具仍以灰陶为主。当时已有专门烧制泥质灰陶和专门烧制泥质夹砂灰陶的作坊。商代后期，白陶和印纹硬陶有了很大发展，白陶尤为精美。纹饰的艺术特点同青铜器，装饰华丽。灰陶在新石器时代早期裴李岗文化遗址中已经出现，仰韶文化、龙山文化时期都有一定数量的灰陶，特别是用于蒸煮的器皿，多为夹砂灰陶。到夏代（二里头文化早期），灰陶和夹砂陶则占据主要位置。商代还出现了用高岭土作胎施青色釉的原始瓷器。西周以后，陶器种类繁多，除生活器皿之外，还有砖瓦、陶俑及建筑明器等。商周是印纹硬陶发展的兴盛时期，其胎质原料根据化学组成分析，基本接近原始青瓷。印纹硬陶因所用原料含铁量较高，胎色较深，多呈紫褐、红褐、黄褐和灰褐色。印纹硬陶坚固耐用，绝大多数是储盛器。商代印纹硬陶在黄河中下游地区和长江中下游地区都有发现。西周至战国时期印纹硬陶主要盛行于长江中下游地区及南方的福建、广东、广西等地。到战国、秦汉时期，用陶俑、陶兽、陶明器随葬已成习俗。因此，制陶业更加繁荣。在西安发现的秦始皇陵兵马俑，在陕西咸阳，江苏徐州发现的西汉时期兵马俑，其造型之精美，阵容之宏伟，为世界所罕有。

3. 汉代陶瓷

汉代陶瓷

　　汉代，由于社会稳定，农业、手工业发展较快，厚葬风气在民间普遍盛行，制陶业大量烧造陶明器用以随葬。这时，战国时期出现的彩绘陶器得到发展，釉陶也得到普遍应用，汉代出现了一种在釉料中加入助熔剂——铅的釉陶，又称"铅釉陶"。唐代的唐三彩即属铅釉陶器，采用高岭土胎，施彩釉烧制而成。随着历史的发展，时间的推移，人们在生活和生产实践中再次发现，原来某种特定的泥土经过高温烧造以后，就会变得更加坚硬、细腻、漂亮和实用，于是瓷器也就应运而生了，瓷器是我国古代的一项伟大发明。从历史文献看，西汉马王堆出土的木简中，已经有了"瓷"字；而晋代的许慎在《说文》中对瓷字还做了具体解释，说瓷是"瓦之坚者也"。随着研究工作的深入，以及将现代科学手段用于瓷器研究，目前瓷器商周起源论已占压倒性的优势。由于瓷器坚固耐用，洁净美观，不易被腐蚀，造价又远比金、银、铜、玉、漆器低廉，且原料分布极广、蕴藏丰富，因而发展迅速，成为人们生活中不可缺少的用具。早在3 000多年前的商代，我国就已经出现了原始青瓷。因此可以说，瓷器的产生是陶瓷制作工艺发展的必然结果。优质瓷器生产的基本条件有富含绢云母的岩土，成熟的窑炉砌筑技术和草木灰釉制作技术。早在距今1 800年前的东汉时期，瓷器制作技术已经基本成熟，在浙江、河南、河北、安徽、湖南、湖北等东汉晚期墓葬和江苏高邮邵家沟汉代遗址中，都曾发现过瓷制品，而尤以江西、浙江发现最多。我国瓷器的发明不会迟于汉末，把它定为东汉晚期，瓷窑工在长期的制瓷实践中，对原料的选择、胚泥的淘洗、器物的成型、施釉直至烧成等技术，在东汉晚期都有了较大的改进和提高，为瓷器制作技术的成熟创造了必要的条件。越窑发展最快，其窑场分布最广，瓷器质量最高。白瓷最早出现于北朝的北齐。早期的白瓷，胎料细白，显然经过淘炼，但未上护胎釉；釉色乳白，釉层薄而滋润；釉厚处呈青色，而且器表普遍泛青。白瓷的出现，为制瓷业开辟了一条广阔的道路。有了白瓷，才有了影青、青花、釉里红，才有了斗彩、五彩、粉彩等琳琅满目、色彩缤纷的彩瓷。所以白瓷的发明，是我国陶瓷史上的又一个新的里程碑。黑瓷的原产地在南方，东晋之后，北方开始了黑瓷的烧造。青瓷、白瓷、黑瓷的出现，标志着北方制瓷手工业的迅速发展，从而为唐宋北方名窑的普遍出现奠定了基础。

4. 隋唐陶瓷

隋唐陶瓷

隋以北朝为基础统一全国，隋初的文化面貌也带有较浓重的北朝色彩。南北政治上的统一，也促进了南北经济、文化的合流和交融，开始了一个新的时期。这一时期体现在制瓷工艺上的特点有两个方面。

第一，在隋以前，烧瓷的窑场主要在长江以南和长江上游的今四川境内，北方没有发现值得重视的窑场。但入隋以后，这一面貌发生了改变，瓷业在黄河南北发展起来，这是未来唐宋瓷业大发展的先导。

第二，虽说青瓷仍然是隋代瓷器生产的主流，但从河南、陕西、安徽出土的白瓷来看，与北朝相比，仍有较大的进步，胎质更白，釉面光润，胎釉均无泛青、闪黄的现象。

唐代烧造的白瓷，胎釉白净，如银似雪，标志着白瓷的真正成熟。其中，邢窑白瓷成为风靡一时、"天下无贵贱通用之"的名瓷。因此，人们通常用"南青北白"来概括唐代瓷业的特点。邢窑白瓷与越窑青瓷分别代表了北方瓷业与南方瓷业的最高成就。陶瓷艺术最能表现这种盛唐气象的则是唐的三彩釉陶。在制瓷工艺上，唐人留给后世的一份厚礼是在烧成工艺中普遍使用了匣钵装烧。匣钵创制的使用可能要早于唐，但大量使用并作为工艺的常规，则是在中唐以后。唐人烧出了高质量的邢窑白瓷与越窑青瓷，也为宋代名窑的出现准备了工艺条件。五代时期，白瓷的生产仍以北方地区为主。

南方瓷系产品的特点如下。

1）造型比较秀气，胎色瓦灰，胎质颗粒较细，有的略呈红色或黄色；气孔细，孔隙度小，胎中黑点少。

2）瓷器胎料的化学组成是：三氧化二铁的含量一般在2%左右，高于北方。二氧化钛和三氧化二铝的含量都较低；而二氧化硅的含量则较北方为高。

3）釉层青绿发翠，有的略带暗黄色。

4）瓷器烧成的温度较低，一般为1200℃左右，甚至还达不到这个温度就出现过烧现象。

北方瓷系产品的特点如下。

1）器物造型新颖，粗犷雄伟；胎体比较厚重，胎色浅灰，颗粒结构粗糙，胎内有黑点和气孔，孔隙度大。

2）胎料的化学组成接近于质量差的黏土原料，三氧化二铝含量较高，一般都在26%以上，最高的达32%；二氧化钛含量超过1%，二氧化硅的含量普遍都低于南方，所以胎的成色较南方偏深一些。

3）釉层较薄，玻璃质感强，颜色灰中泛黄。

4）瓷器烧成温度较高。如河北省景县封氏墓出土的青瓷，在1200℃的烧造温度下还是生烧。

5. 宋代陶瓷

宋代则形成了多种瓷窑体系。宋代瓷窑体系的区分，主要依据各窑产品的工艺、釉色、造型与装饰的特点。根据它们的特点可以大致看出宋代形成的瓷窑体系有六个：北方地区的定窑系、耀州窑系、钧窑系、磁州窑系；南方地区的龙泉青瓷系、景德镇的青白瓷系。

定窑系以定窑为代表。定窑始烧于唐，它的白瓷是受邻近的邢窑影响，当时邢窑盛名满天下。而定窑系诸窑到北宋时也确实形成了自己的一套制瓷工艺与制瓷风格，并为各窑所仿效。定窑系产品以白瓷为主，兼烧黑釉、酱釉、绿釉及白釉剔花器。釉汁比较莹润，釉色白中发黄，常有泪痕。胎料加工很细，胎质坚硬，胎色洁白。器物造型稳定，装饰工整素雅。生产定窑系瓷器的窑场，则分布在漳河、汾河流域的广大地区。代表性窑场除河北曲阳定窑外，尚有山西的平定窑、孟县窑、阳城窑、介休窑和四川的彭县窑。

宋代陶瓷

　　磁州窑系是北方最大的一个民窑体系。这个窑系的窑场分布于今河南、河北、山西三省，而以河北省邯郸市观台镇为典型代表。磁州窑系的历史，可以追溯到唐代北方烧制白瓷的诸民窑。它继承了唐代南北民窑的特点，烧瓷品系繁多。烧制的瓷器以白瓷、黑瓷为主。装饰丰富多彩，白地黑花，对比鲜明。纹饰题材多取自民间的生活内容。磁州窑系的其他代表性窑址还有河南鹤壁集窑、禹县扒村窑、登封曲河窑，山西介休窑和江西吉州窑。

　　耀州窑系是北方一个巨大的烧造青瓷的窑系。耀州窑系以今陕西省铜川市黄堡镇为代表。产品种类有青瓷、白瓷、黑瓷；北宋时期以烧造青瓷为主。耀州窑青瓷颜色深沉，边沿部分发褐黄，人们称之为"姜黄色"。其最突出的成就是图案装饰。装饰手法以印花、刻花为主；刻花刚劲有力，纹样生动活泼，在宋代诸窑系中算是出类拔萃的。

　　钧窑系以河南禹县的钧窑为代表，始烧于北宋，金元时期继续烧造。其突出成就是在釉里掺铜的氧化物，用还原焰烧出绚丽多彩的窑变釉色。钧釉的主要特点是通体天青色与彩霞般的紫红釉相互错综掩映，釉汁肥厚润泽，极为美观。此外，还有月白色、天蓝色、海棠红等。钧窑系瓷器的烧造地点很广，河南禹县、郏县、登封、新安、汤阴、安阳以及河北的磁县等都有烧造。

　　龙泉青瓷窑系属南方青瓷系统。南宋时为应付宫廷、官府的需要，开始生产一种以施黏稠的石灰碱釉为特征的瓷器。到南宋中期以后，终于形成了有自身特点及风格的梅子青、粉青釉等龙泉青瓷。龙泉青瓷在东亚和东南亚及东非、阿拉伯诸国都是很受欢迎的商品，这种情况到了元代仍有盛无衰。入元以后，烧制龙泉窑风格的青瓷窑场范围更为扩大，仅浙南的瓯江两岸就发现窑场遗址 150 余处。

景德镇青白瓷窑系属南方瓷系。青白瓷又称影青，是宋代以景德镇窑为代表烧制成的一种具有独特风格的瓷器。其釉色介于青白二色之间，青中有白，白中显青，因此称青白瓷。青白瓷釉色的硬度、薄度、透明度以及瓷里莫来石结晶的发达，都达到了现代硬瓷的标准，代表了宋代瓷器的烧造水平。特别是采用覆烧方法之后，产量倍增，对东南沿海地区的影响极大。自宋迄元，青白瓷盛行不衰，形成了一个著名的青白瓷窑系。

6. 元代陶瓷

元代陶瓷

元朝的统治只有90余年，而且又连年混战，所以从整体上看，元代陶瓷业基本上承袭了前代旧制，除青花、釉里红等品种，没有太多发明。但仅就江西景德镇的制瓷业而言，元朝却成为一个极其重要的时期，有"工匠四方来，器成天下走"的美誉。元代青花、釉里红的出现，使我国在瓷器装饰艺术上进入了一个崭新的时代。青花瓷器的真正全盛时期在明代，制造技术传播至近东、日本等国，最后传到欧洲。虽然青花瓷器的产生和发展都与景德镇相关，但首先使用氧化钴为着色剂进行彩绘装饰，最早出现在近东。元政府意识到发展瓷业并积极对外贸易，对元朝经济有重要意义，是政府增加财政收入的重要途径。元政府建立相应的港口外销管理机构，鼓励对外贸易，使这一时期在瓷器的外销数量、质量等方面，较宋代都有大幅度的增加和提高。在土耳其和伊朗两国的博物馆里，收藏着一些极为珍贵的元青花瓷器，代表着这一时期青花艺术的风格特点。在东非的伊斯兰教地区，景德镇青花瓷和龙泉青瓷被镶嵌于宫殿、寺庙或其他纪念性建筑上，视同珠宝，重视程度可想而知。

此外，元代景德镇创烧的另一著名产品为卵白釉器。这种产品亦称"枢府窑器"，相传是为元朝官府枢密院的定烧器，有些器物上有"枢府"字样，但烧制这类卵白釉瓷器的窑场还同时烧造青花瓷和黑釉瓷。卵白釉的特征是釉层较厚，呈失透状，色泽如鹅蛋白，它的出现为明代永乐甜白釉的发展奠定了基础。1976年，在朝鲜新安海底打捞出一艘元代沉船，载有中国瓷器近两万件，包括当时龙泉窑、建窑、吉州窑、磁州窑、官窑、钧窑以及景德镇等窑场的大量产品，成为考查元代各窑址产品情况的可靠实物佐证。元代还开始出现分室龙窑，这种窑依山而建，倾斜度为 12～22 度，长度近 60 米，宽 2～3 米，分窑室 17 间，这种分室龙泉窑的出现为以后的阶梯窑打下了基础。这种窑炉的特征是装窑容量大，适合于多种坯釉同时烧成，在窑室的前、中、后部不同的窑温下放置不同的产品；这种窑适合以柴为燃料，升温快，冷却也快，充分利用窑室内的热量。元末明初，在此基础上出现了葫芦形窑，之后演变为蛋形窑，这种窑形延续使用至今。

7. 明代陶瓷

明代陶瓷

　　明代是我国封建社会趋向没落，资本主义因素开始萌芽的时期。明代瓷器的生产达到了一个新的高峰，为前代所不及。当时，以景德镇为中心的官窑日益繁荣，大量生产御用器皿和民用瓷器，质量高、销路广，代表了明代制瓷水平，宋应星在《天工开物》中就有较为详细的描述。其产品以青花、五彩为主流，在元代基础上又有了进一步的发展，形成了独特的艺术风格，将陶瓷艺术带入了一个全新的领地。明太祖下旨仍沿用景德镇窑场为皇家御窑，承担宫廷御器和政府对内、对外赐赠和交换的全部官窑器的烧造任务。永乐年间，御窑以出产"甜白釉"而著名。这种半脱胎瓷器胎壁极薄，釉面莹净。它也叫"填白"，是指在白瓷上可填绘彩饰，以薄胎而有暗花者最为杰出。以后皆有烧制，但都比不上永乐时期的产品，到清代亦有仿制，更非永乐甜白釉可比。这一时期比较有特点的器形是"压手杯"，敞口折腰，沙足滑底，一般在底部标有"大明永乐年制"或"永乐年制"字样，字体为小篆。到宣德年间，技术上又有所改进，据说御窑厂扩增至 58 处之多。所生产的青花瓷器，以胎釉精细而闻名，所用青花料主要从国外进口的"苏麻离青"。

　　此外，宣德釉里红在元代基础上有了较大发展，所制釉里红鱼纹高足杯在当时就已盛名天下了。宣德瓷器的另一个特点是落款部位很多，不仅出现于底部，也有书写在口、肩、腰、足等部位的，因此有"宣德年款遍器身"之说。明中期的成化、弘治、正德时期，为另一个陶瓷史上的辉煌时期，在这短短三代56年当中，宫廷和民间艺术匠师们创造了一大批空前绝后的艺术珍品。正德朝后期青花料使用进口"回青"，颜色纯正，价格昂贵，过于黄金。

明代民间窑更加发达，其产品精细程度可与官窑相媲美，并大量远销至欧洲。在景德镇官窑以外，各地民窑也在蓬勃发展，如福建窑、江西横峰窑、广东广窑、浙江处窑、江苏瓯窑等。其中以江苏所产的紫砂最有特色。紫砂这一品种的出现，可能上溯至很早，各种说法不甚一致。真正以紫砂壶的完整形象出现，是从明代正德朝以后。紫砂壶的原料产于江苏宜兴，分为紫泥、绿泥和红泥。500年间，名家辈出，花色品种不断见新，工艺愈加精美，成为海内外著名的陶瓷品种。紫砂壶的出现，对改变人们的饮茶习惯有很大作用。

8. 清代瓷器

清代瓷器

清代瓷器仍以景德镇为中心，景德镇复为御窑厂。清初时期的产品有明显的过渡时期特征。胎体比较厚重，制作略显粗糙，一般底部斜削草率，还粘有砂粒。器物沿口部分施酱黄釉，深浅不一，呈黄褐色。康熙时期，逐步将景德镇的御窑厂恢复完善，其产品质量更加好转，比前代还略有进步，所以有人认为清代的陶瓷，应从康熙时期开始计算。清初时期在整个清代瓷器发展过程中占有重要地位，并开创了以督窑官姓氏称呼官窑的先例，比如具有代表当时制瓷水平的"臧窑""郎窑"等。康熙瓷器品种繁多，千姿百态，造型普遍古拙，胎体比较厚重，同样大小的器物，要比清朝其他时期的器物要重些。较大型作品采用分段成型整体组合的技法，修胎工艺精细，交接处不留痕迹。康熙五彩的主要颜色有红、黄、紫、绿、蓝、黑等，很少用青花，描绘精致；另一特征是在康熙后期的作品中，人物面部只用轮廓勾出而不填彩。模仿前代名瓷也是这一时期的生产特点。如在造型上模仿古代铜器，在风格特点上模仿各大名窑的釉色纹饰等。这种模仿，很大程度上要依赖多种颜色釉的出现，如"臧窑"出产的蛇皮绿、鳝鱼黄、吉翠、浇黄等。

珐琅彩、粉彩是这一时期的重大发明。珐琅彩是国外传入的一种装饰技法，初期珐琅彩是在胎体未上釉处先作地色，后画花卉，有花无鸟是一特征。粉彩是在康熙五彩的基础上受珐琅彩的影响而产生的新品种，描绘人物服装或植物花朵时，先用含砷的"玻璃白"打底，再在上面用芸香油调和的彩料渲染。其效果较淡雅柔丽，视觉上比五彩软，所以也称"软彩"。康熙后期的瓷画风格多受当时著名画家"四王"的影响，装饰内容多为山水松石、古装人物、神仙罗汉、仕女美妇等。

雍正时期被认为是清季盛世之一，其瓷器生产达到了历史最高水平，制作之精冠绝于各代。总体风格轻巧俊秀，精雅圆莹。这一时期的粉彩最为突出，大肆盛行，从而取代了康熙五彩的地位，成为釉上彩的主流。雍正粉彩不仅有白地彩绘，还有各种色地彩绘，如珊瑚红、淡绿、酱地以及墨地等。其造型不同于前代，在于它一改康熙时浑厚古拙之风，代之轻巧俊秀、典雅精致。其外形线条柔和圆润，胎体选料极精，壁薄体轻，匀称一致，仰光透视，略显淡青，呈半透明状；在纹饰上，釉下彩中青花釉里红的制作达到极盛阶段，青花和釉里红在同一种气氛中烧成，两种色泽都十分鲜艳。该时期青釉烧制技术达到历史上最高水平，仿官、哥、汝、钧等名窑制品也非常成功。出之于康熙时期的茶叶末、铁锈花等铁结晶釉，在此时达到极盛。

乾隆时期是清代社会发展的顶峰时期。御窑厂内聚集了大量管理人才和能工巧匠，使烧瓷水平又有所进步。这一时期的产品从技术上讲虽精工细作，不惜工本，但从艺术格调上讲却显烦琐华缛，堆砌罗列，较前朝有衰退之迹象，成为清代制瓷业的一个转折点。乾隆瓷器一面保留了古代的精华，一面又吸收了西方艺术。外观造型大部分比较规整，除常见器型外，还出现了一些奇巧怪诞的物件，主要用于赏玩，被称作"浑厚不及康熙、秀美不如雍正"。此时盛行在琢器上使用转心、转颈等技艺手段，制作工艺极其精致。象生瓷技术高超，仿木纹、仿竹器、仿漆器、仿金属器等，几可乱真。乾隆时期，粉彩完代取代了五彩，但产品质量不如前代。在粉彩器皿上讲究用镂空、堆塑的装饰手段，辅以"轧道工艺"和开光、剔刻等。有署"古月轩"的珍贵瓷器，是以乾隆宫中古月轩命名的，从景德镇挑选制造精良的素胎进京，命内庭供奉绘画高手绘画，于京城设炉烘烤而成。嘉庆时期，国家太平，各行承袭旧制，不思进取。帽筒是这一时期的重要器型，鼻烟壶及文具在士大夫阶层广为流行。此时珐琅彩已停烧，粉彩装饰盛行"百化不露地"的手法，也称"万花锦"。单色釉比以前也减少了一些品种，风格上与乾隆朝瓷器相同。

道光时期的陶瓷业随着国势衰微，生产规模也大大下降，产品质量亦不如从前。道光瓷器的造型特点比较明显，一是外型比较笨拙，缺乏灵性；二是线型不够圆润，板滞生硬；三是足脊多不平整。装饰图案中的人物形象有形无神，构图零乱，线条纤弱。但唯一例外的是"慎德堂"款的御用粉彩器皿，极为精美，不同于同时代的其他产品。"慎德堂"是道光皇帝的堂名，景德镇所产的器皿上以三字直款最为稀少，款多为抹红色，也有描金色，器皿多以折枝花为装饰。

咸丰时期，国力衰败之极，连年兵变，百业俱废，传世精品很少。这一时期的产品更加粗糙轻率，胎体厚重且疏松，表面施釉厚薄不一，还常出现橘皮状坑凹。造型笨拙最典型者数玉壶春瓶，腰腹粗大，颈部粗短，咸丰官窑瓷器款识为"大清咸丰年制"六字两行楷书，字体工整，字外无圈栏。咸丰末年，景德镇官窑厂被损毁，陶瓷业被破坏无余，清代瓷业之败落，莫过于此。

　　同治时期瓷器以承袭前朝为主，粉彩器以彩色为地，一般以淡黄、淡蓝、淡绿或淡紫为多见。"体和殿"款瓷器是为朝廷所造的陈设品，器型尚规整但略显呆板。这一时期的装饰图案多采用吉祥纹样以及龙凤云鹤等，格调不高。这个时期的产品基本上囊括了晚清以前所有的传统器型，同时有仿古亦有创新。

　　宣统是清代最后一朝。光绪末年至宣统时期，景德镇按西方体制设立了陶瓷公司并设立分厂，研究新法，技术上有所提高，质量、样式方面都有改良，但终因时局混乱、经费不足而归失败。所以这一时期所留下的产品数量不多，至今而为稀品。

　　清朝出现了专门论述陶瓷、研究陶瓷的著作，比较有名的如朱琰的《陶说》、蓝浦的《景德镇陶录》、程哲的《窑器说》、唐英的《窑器肆考》、寂园的《陶雅》、许之衡《饮流斋说瓷》等。

　　到清朝末年，由于政治腐败和洋货的冲击，陶瓷生产已经呈现出败落之势。

9. 现当代陶瓷

现当代瓷器

20 世纪中国瓷器艺术的发展大致可分为 50 年代前和 50 年代后两大阶段。50 年代以前，中国社会国无宁日、经济衰败、民不聊生，尤其是日本的侵华战争，给中华民族带来了深重的灾难。整个陶瓷事业濒临人亡艺绝之境。然而，也有不少有志之士与爱国的陶工及匠师们结合起来，为陶瓷的发展而拼搏努力。醴陵釉下五彩能在 20 世纪初创制出来，不能不说是乱世之奇。活跃于 20 年代后的景德镇"珠山八友"，将文人画技法和审美意识带入瓷坊，形成了一代画风，其余辉至今犹存。在制瓷技术上，先后引进和小规模地试验了煤窑窑炉设计及烧成技术，新法选矿及粉碎技术、机械练泥、成型及吹釉技术，石膏模具使用技术，注浆成型技术，新彩及釉上、釉下贴花装饰工艺等。民国时期仿古成风，陶瓷以青花、五彩、粉彩为主流。这一时期所生产的日用器皿普遍比较粗糙，坯釉结合不好，脱釉现象严重，不能代表民国时期的烧造水平。装饰上仍以青花、粉彩、五彩为主流，继承了晚清的风格，又增添了一些新内容。造型上比晚清瓷器要纯朴平直些，受到了国外工业产品的影响。

直到 20 世纪 50 年代，长期动荡的社会得以安定，国民经济得到迅速恢复和发展。国家对整个工艺美术采取了一系列"保护、发展、提高"的方针，实施了一系列较大举措，如把"散之四方"的能工巧匠重新组织起来，提高其待遇，鼓励其带徒传艺；各地陶瓷研究所、陶瓷专业院校如雨后春笋般建立并发挥巨大作用；作品众多，如原轻工业部组织的由中央美术学院设计、景德镇担负制作的"建国瓷"，中国工艺美术首次赴苏联和东欧、印度等地的巡回展览瓷，以及 1955 年第一届全国陶瓷展览瓷，1955 年第一届全国陶瓷展览瓷。50 年代初至 60 年代中期，广大陶瓷美术工作者不断深入生活，探索创新，创作了大量反映现实生活、时代气息浓郁的艺术瓷以及经济适用、朴素大方的日用瓷。这一时期中国瓷器艺术的特征主要表现在现实性、朴素性和单纯性上。60 年代中期至 70 年代中期，"文化大革命"使中国瓷器艺术走过了 20 世纪后半叶最为坎坷的一段历程，瓷器艺术发展缓慢。80 年代伊始，神州大地迎来改革开放的春风，中国瓷器艺术进入了一个全面繁荣发展的新时期。这一时期的主要特征为包容性、多样性、科学性。许多新工艺、新材料和新形式、新品种在改革的时代中应运而生，在开放的机遇中蓬勃发展。

在造型中，运用切削扭曲、分割组合、穿插堆积等形体构成手法以及反常设计、摹拟设计、联想设计等现代设计法创造出多类型、多品种、多材质、多样式的造型。艺术瓷有连珠瓶、青果瓶、春蕾瓶、八方瓶、各式异型瓶，以及意象表现型或工艺表现型等各类现代造型。日用瓷造型如萌牙、石榴、腰鼓等餐茶具以及金菊、金钟等盖水杯、文具、啤酒具、灯具等各种新款式。日用瓷造型不仅优美精致，而且功能合理，尤其是新材质的开发为造型增添了奇光异彩。70 年代后，山东淄博陆续研制出滑石瓷、高长石瓷、高石英瓷、钠长石质瓷、色瓷等类型的精细日用瓷而居全国领先地位。河北唐山的骨瓷、文象岩厚胎瓷，邯郸的增韧骨灰瓷、刚玉强化瓷，石英强化瓷、景德镇和醴陵的高白釉瓷、高硅瓷、特种耐热瓷等均有瞩目的成就。

在装饰工艺技法上，陶艺家们更考究泥、釉、彩的综合效应。充分体现泥坯的材质美和自然性状；善于发挥色釉相互渗透熔融的特点和"天人合一"的妙趣，展现釉质的色泽美和肌理美；娴熟掌握装饰材料的特性，追求工艺完美结合的意蕴美和形式美。

在颜色釉方面，老一辈硅酸盐专家周仁、赖其芳、李国桢等用现代科技理化测试分析手段，测定釉的物化状态，用配位场理论研究釉中呈色离子价态和配位体的关系，用热力学状态参数研究烧制工艺与呈色的关系，用科学理论和实验揭示了釉料发色的奥秘，将能工巧匠的实践经验升华到理性的高度，使家传秘方和传统经验更完善、更科学、更合理。研究出了适合柴、煤、油、气不同烧成条件的配方，使颜色釉瓷烧成范围更宽、呈色更稳。例如，在钧瓷烧制中将还原性材料渗入釉料中，使钧釉中还原烧成新技术获得成功，是钧瓷史上的一大技术突破，宋代"五大名窑"的钧、汝、官、哥、定及耀州、德化、磁州等窑的传统名釉都得到不同程度的恢复，在承袭传统中不断研制出各种新彩釉。

还有一种具有民族传统特色的低温色釉装饰工艺——珐花。现代陶艺家融现代构图、色彩和装饰意识于珐花传统工艺中，以老传统创立新的风采。釉下装饰艺术是我国瓷器艺术百花苑中又一枝异花奇葩，它集胎质美、釉色美、工艺美、形体美、彩饰美于一体，具有高度的美学价值和文化意义。80年代以来，青花《梧桐》、青花玲珑《清香》餐具等不少产品多次荣获国际金牌和国家金奖。

20世纪的中国瓷器艺术，不仅颜色釉争奇斗艳，釉下装饰妖娆多姿，而且釉上装饰亦成就瞩目、欣欣向荣，并以其强烈的民族文化和审美特征、丰富的艺术表现技巧和品类而屹立在世界艺林之中。

单元二
漫话青瓷

单元导语

散文是一种自由、灵活的抒写见闻感受的文学体裁，它既可写景状物、叙事抒情，亦可谈哲论理。散文能够让我们通过一种十分精粹、亲切的形式，读到作者对于人生或自然的感悟。阅读和欣赏散文，既要细心领会作者对于人生或自然的感悟，又要认真分析作者用来表达这种感悟的形式。散文最大的特点是"形散而神不散"。所谓"形散"，是指散文的题材广泛，山川流水、日月星辰、人生百态、历史风云，无一不可来写；散文的写作方法灵活多变，叙事、写景、状物，各呈异彩。所谓"神不散"，是指散文所要表达的中心思想必须明确而集中，无论内容多么广泛、表现手法多么灵活多变，无不是为表达中心思想服务的。

本单元选取的课文文体和内容都比较丰富，有故事性散文《哥弟窑的传说》，有纪实性散文《亲密接触出水龙泉青瓷》，有历史性散文《青瓷·中国名片》，也有哲理性散文《白衣冷烟蔽月华，瓷如天青不染尘》。选读课安排了纪实性散文《中国青瓷小镇：夺得千峰翠色来》和说明性散文《千峰翠色龙泉青瓷就是这样烧制出来的》，课外

青瓷茶具

阅读中安排了两篇与青瓷有关的小小说《青瓷孤瓶》和《祖传青瓷碗》。

本单元课文在内容上涉及青瓷的历史渊源、文化钩沉、人文想象、艺术情思和工艺制作等方方面面，取材广泛，但主题明确而集中。它们或钩沉历史，思接千载；或深入生活，感情真挚；或长于思辨，驰骋文采；或工于状物，精描细绘，为读者献上了青瓷文化的饕餮大餐。

第一节　哥弟窑的传说

蒋世荣

　　北宋末年，一批窑工继宋室南渡后，匆匆逃离北方，苦苦寻找一个能让他们凭手艺混口饭吃的地方。章有福夫妇带着两个幼子也混杂在人群中，漫无目的地走啊走，不知道哪里才是他们安身立命的地方。

　　走到越州境内，一部分窑工找到了谋生的瓷窑，留下来从事老本行。章有福本想就此安顿下来，不料想妻子却一病不起，不久撒手人寰。越州成了伤心地，他决定离开这个伤心地，继续南迁。又经过三个多月的颠沛流离，章有福带着两个儿子来到了处州龙泉琉田，一家管姓人开的窑场收留了他们一家。章有福一边在窑场干活，一边含辛茹苦地抚育两个儿子，不久还开办了自己的窑场。

　　章有福的父亲是北方有名的窑工，制坯、上釉、烧窑无一不精，章有福得益于父亲的言传身教，学就了一身精湛的手艺。他不但是制瓷高手，而且上过夜间私塾，识文断字，笃信佛教，不杀生，不偷盗，不邪淫，不妄语，且乐善好施，仗义疏财，凡有同行上门求教手艺的，无不倾囊相授，因此深孚众望。章有福爱护小动物的故事在当地更是广为流传。一次，一只受伤的跳鹿逃到了窑场，章有福连忙将跳鹿藏到了柴堆里。两个猎人追到窑场没有找到跳鹿，悻悻而去。等猎人走远了，章有福找来草药给受伤的跳鹿敷上，然后又给跳鹿找食物。经过几天的精心调养，跳鹿的伤好了，一跳一跳地回归了山林。

凭着精湛的手艺和诚信的经营，章有福的窑场很快名动一方，烧制的青瓷还未出窑就被抢订一空，甚至有人将整窑瓷器包下。章有福对自己烧制的瓷器要求极为苛刻，稍有瑕疵，一律砸碎，因此虽然名动一方，家资并不丰厚。两个儿子章生一、章生二也聪明肯学，深得父亲真传。

由于积劳成疾，章有福未过花甲之年就驾鹤西去。弥留之际，他把两个儿子叫到床前说："树大分桠，儿大分家，我走后，你两个分开设窑，各自营务，将章家的瓷业做大。"兄弟俩商量着先将父亲的灵柩停在野外，等三年后取回母亲的骨殖后再一起合葬。

"七七"期满，兄弟俩就各开窑场，继承父业，生意自是红火。一天，哥哥章生一对弟弟章生二说，父亲叫我们各开窑场，我想我们兄弟俩应该各有特色。你仍然按父亲传下来的方法烧制，我想法做一些改良，也好光大父业。从此，章生一走上了艰难的改良之路。但是改良之路岂是说走就能走通，试验了一年多，章生一没有烧制出更好的青瓷，生意日见萧条。章生二叫哥哥放弃改良，按照原来的方法烧制算了。章生一是个倔强的人，说过的话岂能不算数？一直苦苦支撑。

一个杜鹃花盛开的春天，章生一在窑场睡着了，睡梦中，父亲向他走来，告诉他，母亲的坟茔不好，要迁坟。章生一问迁到哪里好，父亲说："树开两色花，其下有奥妙。"说完就不见了。开两色花的树是什么树，章生一可从来没见过，但是既然父亲托梦，必有渊源，他连续几天上山寻找，但是都没有找到这样的树。

一天，他正在窑场苦苦思考，一只跳鹿来到了窑场，咬着他的裤管就往外走。章生一想，莫非是父亲救下的跳鹿像传说中一样报恩来了？章生一好奇地跟着跳鹿往山上走去。不知走过了多少道山梁，跳鹿在一棵杜鹃树前停下了。章生一举目望去，这棵杜鹃树形如一个青瓷花瓶，令人惊讶的是，这棵杜鹃树开的花一边是粉白色的，一边是紫色的。杜鹃树长在一条小山岗的尾端，站在杜鹃树下望去，左右各有一条山岗似合抱而来，明朗开阔，前面一个小溪如玉带缠腰，远处山峦重重，平坦如砥，背后山峰耸峙，如龙盘虎踞。这不是上等的迁葬之所吗？章生一激动得说不出话来，回头去寻找跳鹿，却再也不见它的踪影。章生一知是父亲的在天之灵庇佑着他，当即跪下，对天拜了三拜，并在杜鹃树下做了记号。

冬至那天，兄弟俩在杜鹃树下安葬了父母骨殖。天色将晚，兄弟俩坐在坟前聊着烧窑的事。章生一望着从父母坟墓里挖出来的红土出神。这土块与别处的土不一样，呈紫红色，间或有黑色的线条或斑块，比土硬，比石头软。这土能不能做瓷呢？如果能做，就用这土做一个父母双亲的半身塑像，岂不很有意义？章生二也鼓励哥哥试一试，或许，父母的在天之灵庇佑着他们也未可知。

章生一将那土取回，经过粉碎、研磨、陈腐、沉淀等几个环节，做成瓷塑像，上釉之后放入窑炉中烧制。瓷像出炉后，兄弟俩惊呆了：瓷像釉层肥厚，呈现玉色，但是釉面全都开裂了，裂纹有大有小，有长有短，有粗有细，有曲有直，且形状各异。瓷像的发际部位由于流釉，呈现紫色，底部没有施釉的地方呈现铁褐色。这样的瓷器兄弟俩从来没有见过，甚至听都没有听说过。兄弟俩把玩着瓷像，不知所措，谁也说不准这瓷器的好坏。几天过去，章生一惊奇地发现，瓷像上的开片纹路有的变成了金黄色，有的变成了铁褐色，仔细观赏，有的像蟹爪，有的像鱼子，有的像柳叶，整个瓷器显得气韵流畅，别有韵味。

一个多月后，一个临安富商来到章生一的家中，看到了这尊瓷像，如获至宝，欲以重金收购，章生一拒绝了，但答应再做一些别的器型。就这样，章生一的瓷器一炮而红，从此名扬天下，成就了一代名窑——哥窑，其特点是金丝铁线，紫口铁足。

章生一叫弟弟章生二也生产这种供不应求的瓷器，章生二拒绝了，他说，我还是坚持原来的方法，只是在釉料上做一些改进，这样我们兄弟各有特色，也算是不辜负父亲的一片期望。章生二将那紫红瓷土加入釉料，烧成了梅子青青瓷。这样，章生二的瓷器就有了粉青和梅子青两个品种，人称弟窑，同样名扬天下，一瓷难求。

【作家简介】

蒋世荣，男，1963年出生于龙泉市兰巨乡大巨村。现供职于《今日龙泉》，任编辑和记者，龙泉市作家协会副主席，经常在县市级报纸杂志上发表通讯、散文等。

练习与思考 >>>

1. 简要叙述本文的故事情节。

2. 说说如下句子在语言表述上的特点。

瓷像出炉后，兄弟俩惊呆了：瓷像釉层肥厚，呈现玉色，但是釉面全都开裂了，裂纹有大有小，有长有短，有粗有细，有曲有直，且形状各异。瓷像的发际部位由于流釉，呈现紫色，底部没有施釉的地方呈现铁褐色。

3. 铺垫是叙述类散文中常用的写作手法，请找出本文中的两处铺垫。

第二节　亲密接触出水龙泉青瓷

江晨

丁亥岁末，我随龙泉市工业经济考察团赴广东阳江考察该市的刀剑产业。期间，由于著名的宋代沉船"南海一号"在阳江海域被发现并正在打捞，该船先前出水的陶瓷器皿中有大量的龙泉窑青瓷，阳江市政府专门安排考察团参观海陵岛上正在兴建的广东海上丝绸之路博物馆和中国水下考古培训基地陈列展出的龙泉窑青瓷。

一

"南海一号"沉船水下发掘现场

上午 8 时，我们从阳江城出发，一路上阳江有关部门的人员和导游交替介绍海陵岛的景色及"南海一号"的概况，使我们有了初步了解。

海陵岛面积 107 平方公里，是广东四大海岛之一。拥有十里银滩、大角湾、北洛湾等 12 个天然海滩以及国家级中心渔港——闸坡渔港，碧海银滩、渔岛风情加上优良的生态环境，使其获评"中国最美十大海岛"之一。投资达 60 亿元的三山岛国际旅游度假区以及一批五星级酒店、游艇俱乐部正在建设中，未来有望打造成为广东滨海旅游的一个龙头。海陵岛不仅风光优美，还有深厚的历史文化资源。其一是 2007 年建成的广东海上丝绸之路博物馆。该馆由广东省政府拨款 1.5 亿元建设，以边发掘边展览的方式保存"南海一号"，并成为中国水下考古的一个研究基地。该馆的"水晶宫"注满海水，模拟沉船海底环境，是专为保存"南海一号"古沉船而量身订造的。其造型与海滨、沙滩、岛上生态和谐交融，具有很高的审美价值。中国水下考古培训基地也设在这里，目前有少量"南海一号"文物及水下考古文物、设施等在此陈列展出。其二是宋太傅墓、灵谷庙等。南宋末年崖门海战后，宋太傅张世杰率众突围，不幸在南海覆舟，尸体漂流到海陵岛附近，被渔民捞起建陵墓厚葬，该岛亦由此出名。

"南海一号"为南宋时期商船，沉没 800 多年，为木质船，长 30.4 米，宽 9.8 米，船舱内保存文物总数为 6 万～ 8 万件。这是迄今为止世界上发现的海上沉船中年代最早、船体最大、保存最完整的远洋贸易商船，也是唯一能见证古代海上丝绸之路的沉船！"南海一号"是 1987 年在广州救捞局和英国某潜水打捞公司在广东上下川岛外发现的，发现至今已逾 20 年，沉船水域在阳江市阳东县的东平港东南方向 20 海里。

40 分钟后我们抵达海陵岛。

二

登上海陵岛闸坡码头，举目眺望，大海开阔，波涛一浪汹涌一浪，在天际处与天空相连。渔船不时点缀在海面，在眼光游移中感受到渔民的忙碌和喜悦。向南，十里银滩宛如金色长廊，流雪涌翠，粗犷壮阔，让我震撼和激动。

虽然是初冬时节，气温却高达 30℃，岛上空气清新，阳光充沛，海风凉习。置身海陵岛完美结合的山水之间，我在海阔天空中抒发胸怀，感悟灵山秀水的韵味。

极目远望，我分明看见离岛 36 公里的海域，"南海一号"打捞现场作业船舶"南天柱"号大红色的高大吊架、宽阔的作业平台，工作人员正在紧张地忙碌着。

然后，我们上车直抵十里银滩上正在兴建的广东海上丝绸之路博物馆现场——"南海一号"的新家"水晶宫"。

三

远远地，我看到一栋仍被脚手架包裹的拱顶长方体建筑，这应该就是"南海一号"出水后将入住的海上丝绸之路博物馆了。下车后，现场施工负责人指着博物馆效果图，向我们介绍"水晶宫"的情况。"水晶宫"长 60 米，宽 40 米，高 12 米，注入海水后，蓄水将达 3 万立方米。海水从附近海域抽取，经过滤处理，循环运转。

戴上安全帽，进入施工现场。我看到"水晶宫"四周虽然搭满了脚手架，但主体已基本建好，宫内墙体已涂上了蓝色防腐漆，宫内一侧的墙壁上还埋有 7 根直径约 20 厘米的注水管。施工人员介绍，"南海一号"入住"水晶宫"后，将启动两台抽水泵就近抽取海水，灌满宫体，宫内环境与"南海一号"发现时的海底环境完全一致。而迎接"南海一号"移步水晶宫的是一条宽约 30 米的通道，目前虽然没有建好，但能赶在"南海一号"出水之前完成。届时，"南海一号"将坐着气囊，由该条通道直接被牵引入住水晶宫。即使"南海一号"入住后，附属工程仍需要数月时间才能完成。

令人羡慕的是，"水晶宫"距海边仅 100 米，站在"水晶宫"门前，就能听到大海波浪翻滚的声音。海浪声有时像虎啸，有时像猿啼，有时又像一曲《高山流水》，而这些都属于即将入住的"南海一号"。到时，"她"仍将像沉睡海底的那 800 年一样，享受这些美妙天籁。

四

离开"水晶宫"，我们走进了中国水下考古培训基地陈列室。这里存放了"南海一号"近年来惊艳出水的部分文物。

踏进一楼展厅，我看到各色精美瓷器。工作人员介绍，它们分属 3 个地方、4 个窑口。浙江龙泉窑胎厚，釉上得好，显得晶莹剔透；景德镇窑胎薄坚硬，玉质感强，拿在手上，几乎感觉不到重量；闽南窑主要上酱釉，多为民间使用；而德化窑以青白为主。从目前发掘出的文物来看，"南海一号"上瓷器的品种并不多，被称为"宝藏"，主要因为数量实在大得惊人，很多瓷质的盘子、碗，都是一摞摞发现的，而这正是专家断定船只为商贸船的证据。只有商贸船才会装载这么多相同品种的、批量生产的器物。

我在现场看到，目前在此陈列的瓷器以碗为主，此外还有绘制精美花纹的粉盒、花瓶、壶、罐等。在诸多的瓷器中，我认出了标明南宋龙泉窑系的两件龙泉青瓷：一件是青釉菊瓣纹盘，另一件是青釉划花碗。我虽然对青瓷的鉴赏不甚了了，但其历800年鲜亮如初却让我感到震撼：青釉菊瓣纹盘色彩葱茏，光润如玉；青釉划花碗青翠，鲜艳剔透。而据介绍，阳江博物馆内陈列的一件龙泉窑宋青釉印花葵口瓷盘，看似盘子底部漾着一层薄薄的水，且从高低左右等不同的角度去看，盘子显示出不同的装水量，甚是奇妙。但事实上它是空的！只是看起来像装了水一样，看过的专家都称难得一见！该盘被誉为全馆"最漂亮的瓷器"。

五

站在出水的龙泉窑青瓷面前，我仿佛回到了瓷器风靡世界的两宋。宋代是中国瓷器第一个鼎盛时代，出现了汝、钧、官、哥、定五大名窑。对比明清时期华丽的珐琅彩，宋瓷以优雅的单色釉著称，被不少瓷器爱好者奉为中华瓷器中的"大家闺秀"。据说，荷兰、葡萄牙商人最早将瓷器贩运到欧洲时，瓷的卖价几乎与黄金相等。据赵汝适《诸蕃志》记载，宋代的瓷器被运往全球50多个国家，最远的包括非洲的坦桑尼亚等地。随着宋瓷的光芒远播海外，外国人对宋瓷趋之若鹜。在国外，宋瓷的使用成为阶级和身份的象征，甚至还影响了他们的生活习俗。据记载，东南亚一些国家在中国陶瓷传入以前，多以植物叶子为食器。宋瓷输入后，他们改变了过去"掬而食之"的饮食习俗，用上了精美实用的瓷器作为食物器皿。"宋瓷成群，举国罕见。……惜哉！彩云易散，宝瓷易碎。洋人巧弄译笔，瓷器代称中国。南宋，乃狼主爪中之釉瓶……"（魏明伦《遂宁赋》）。

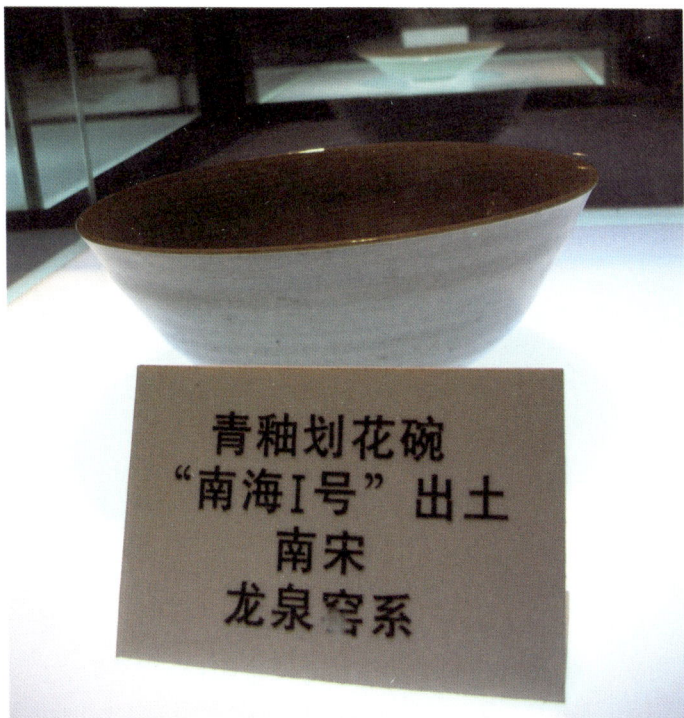

青釉划花碗

站在出水的龙泉窑青瓷面前，我更领悟到龙泉祖辈的光荣与艰辛。他们将肇始于三国两晋的龙泉青瓷推至巅峰，"瓯江两岸群窑林立，烟火相望，江上运瓷船舶往来如梭"，哥窑成为宋代五大名窑之一，粉青、梅子青被誉为青瓷釉色的最高境界，倍觉当代中兴龙泉青瓷的紧迫和责无旁贷。

【作家简介】

江晨，原名王振春，生于1960年代，浙江龙泉人，大学学历。1985年开始从事文学创作，先后发表诗歌、散文、报告文学、文学评论等作品400多万字，入选100多部选集，主编《瓯江源》诗刊及书籍70多部，获奖36次，有作品译成世界语，先后出版诗集《生命的火焰》《诗意龙泉》《沿时光奔跑》《诗画乡村》《逆风飞翔》《翻修屋顶的人》，散文集《渴望灯盏》等。另有10余部文学作品有待整理出版。

青瓷语文

44

练习与思考 >>>

1. 本文是一篇游记散文，它记游的顺序是什么？请找出表示该叙述顺序的语句。

2. 本文的语言准确凝练，试各找一例，分别说一说。

3. "瓯江两岸群窑林立，烟火相望，江上运瓷船舶往来如梭"。请对上述语句进行加工想象，扩写成200字左右的短文。

第三节 青瓷·中国名片

林彬 改编

在世界的东方，有一头狮子，她的名字叫作中国。在这片土地上，有一群勤劳善良的人，他们叫作中国人。从唐、宋、元、明、清的朝代更迭，到汉、蒙、藏、满、回的民族融合，历史似乎永远都在改写着记忆。但不管怎样，总有一个声音在心底呐喊，骨子里的血告诉我们：不管何时，不论何地，那黄色的脸，黑色的眼，还有胸膛里那颗红色的心，都是属于这个古老民族永恒不变的印记。

瓷器

如果让我们梦回上古时代，看夏、商、周朝的几世繁华，盛极而衰分久必合。看尧、舜、禹、汤"四帝"的君子禅让，谓之"其仁如天，其知如神，就之如日，望之如云"。如果让我们穿越时空隧道，惜秦皇之霸业，扫平六国一统天下；叹汉武之雄风，远击匈奴征战八方。如果让我们泛舟洞庭之上，与"诗豪"刘禹锡饮酒作诗笑对明月，观"湖光秋月两相和，潭面无风镜未磨"之色。如果让我们策马玉门之外，和王昌龄屯边为塞抵御匈奴，扬"但使龙城飞将在，不叫胡马度阴山"之威。他们，都有一个共同的名字，叫作中国。

有一条河，叫作黄河，它奔腾在华夏这片土地上数千年，哺育了亿万的炎黄子孙世世代代。有一条江，叫作长江，它绵延在华夏这片土地上多少世纪，灌溉了万里的沃土良田年年岁岁。有一座山，叫作泰山，它巍峨在华夏这片土地上几度春秋，经历了千年的风吹雨打日日夜夜。有一座城，叫作紫禁，它延续在华夏这片土地上数百年，见证了多少的王朝更替时时刻刻。他们，都有一个共同的符号，叫作中国。

在浩瀚无边的大海上，还残留着当年郑和七下西洋时那千帆万橹遮天蔽日流起的碧波。在一望无际的戈壁滩上，还回响着当年丝绸之路上商人落日黄沙中驼铃叮叮的悠扬。历史，总是会在不经意间打开一扇门，门中，是中国，门外，是世界。

众所周知，英文中，"China"是中国的意思，china 也是瓷器的意思。在古代的对外贸易中，中国的瓷器随着世界贸易的流通逐渐在世界闻名。18 世纪之前，欧洲人还不会制造瓷器，所以当中国的瓷器涌入欧洲时，立刻被欧洲人视为上帝的恩赐。在当时的欧洲贵族看来，拥有一件来自中国的瓷器不仅是一种荣耀，也代表着一种品位。从宋元开始，随着龙泉地区这一著名的制瓷产地的崛起，随着哥窑、弟窑这些著名瓷窑的形成，中国的瓷器制造达到顶峰，在国际上慢慢成为中国的象征。所以，欧洲人开始将中国称为"瓷国"。故，瓷器就是中国。

在中国有一个龙泉，在龙泉有一种青瓷。而在众多的瓷器传说中，青瓷的传说最为唯美和丰富，有热情的异国情调"雪拉同"之爱，有凄美动人的"叶青姬"之殇。在千年的传承中，血肉赋予了它灵动的魂，爱情则给予了它细腻的情。时光流逝，时空穿梭，"雪拉同"的美丽爱情已经成为传说，而"叶青姬"的凄美也变成了匠人们口中流传的记忆。一切仿佛都归为了尘埃，慢慢地深睡下来。这一睡，就是千年。

从中国到世界，这是一种距离，从古代到现代，这也是一种距离。一种是跨越空间，一种是跨越时间。当1962年的那个批示划过历史的扉页，青瓷开始跨越这时间的距离，从遥远的唐、宋、元、明醒来，在这片熟悉的大地上重新开始绽放光彩。这，是中国的现代叶青姬的苏醒。而在1979年的春天，有一位老人在中国的南海边画了一个圈，这个圈让青瓷跨越了这空间的距离，从中国又一次进入世界的目光，再度成为那不世的传奇。这，是世界的现代雪拉同的传颂。

章生一，哥窑青瓷鼻祖。千年前，这是一个名字，千年后，这是一个传奇。生一青瓷，只为章生一。炉窑里，那一把火，烧出的是龙泉人火热滚烫的心；那一捧土，绘出的是一种青色之美的艺术；而那个人，烧出的则是华夏几千年的历史文化精髓。所谓"物以类聚，人以群分"，青瓷之美，在于赏瓷之人的品；而赏瓷之人的雅，则在于青瓷那骨子里的魂。帝王贵胄的大殿，是属于它的天下，那是一种王者霸气；文人墨客的书房，是属于它的诗句，那是一种风流雅韵；贩夫走卒的饭桌，是属于它的佳肴，那是一种秀色可餐。而正是如此，所以从那个遥远的年代走到现在，不管是阳春白雪赋予它的灵魂，还是下里巴人给予它的血肉，都让它变得越来越鲜活。而这，就是生命力的爆发。青瓷，将会生生不息，它，终将君临天下。

青瓷

当你走进龙泉，入眼之外满目都是青瓷，不管是大到厂坊，还是小到作坊，你总会看到那一抹青。因为在龙泉，它是一种祖辈传下来的传统。当你走入人家，书房里的展台上，厨房的架子上，客厅的桌子上，映入眼帘的依然是那一抹青。因为在家里，它是一种生活高雅的品位。走在中国，不管是东到拥有"东方明珠"的上海繁华的高楼大厦，还是西到新疆那瓜香果甜的吐鲁番深埋的坎儿井，也不论是南到天涯海角的三亚那美丽的椰子沙滩，还是北到冷到骨子里的东北那千里冰封的雪花。在这片土地上，总少不了它的影子，因为在中国，那是一种植于骨血的文化。走在世界，不管是韩国海域中那深藏在海底的沉船，还是 APEC 上招待宾客的圆桌，也不论是在富丽堂皇的英美博物馆，还是在南非那黑色湿润的土壤。在这个世界里，总少不了它的传说，因为在世界，它是一种民族的象征。

有人说，没有了金字塔的埃及就不叫埃及，就像没有了樱花的日本也不叫日本，没有了埃菲尔铁塔的法国就不叫做法国。所以，当一件事物成为一种象征，我们即称之为神或者信仰。青瓷是一种文化，无关神灵，不为信仰，那是一种从祖辈的基因中遗传下来的东西。不是神灵，却视为生命，不是信仰，却视为传统。因此，如果中国没有了青瓷，就变得不再完整，就如人的七魂六魄丢了一分。那种烙在灵魂印记里的记忆，不会消亡，只会随着这个民族的延续而传承下去。生一是一种青瓷，而生一青瓷则是一种象征，一种中国传统文化的传承，一张中国文化艺术的名片。

通过一扇窗，可以看到外面的世界；透过一双眼，可以知晓内心的思虑；走过一条路，可以到达遥远的地方。而唯有品味生一青瓷，你才会明白什么叫作中国。

练习与思考 >>>

1. 本文标题为"青瓷·中国名片"，有人说本文前四段的内容与题旨无关，应该删除，你认为如何？说说你的理由。

2. 说说下列各句所用的修辞手法，并说明这样写的好处。

（1）如果让我们穿越时空隧道，惜秦皇之霸业，扫平六国一统天下；叹汉武之雄风，远击匈奴征战八方。

（2）炉窑里，那一把火，烧出的是龙泉人火热滚烫的心；那一捧土，绘出的是一种青色之美的艺术；而那个人，烧出了则是华夏几千年的历史文化精髓。

（3）青瓷，将会生生不息，它，终将君临天下。

3. 说说你对第七段"一种是跨越空间，一种是跨越时间"的理解。

第四节　白衣冷烟蔽月华，瓷如天青不染尘

郭璟纯

"青"字带给人很多的遐想。凡是带有青的，譬如丹青、青衣、青鸟、青黛、青楼、青蛇、青瓷……俱是美好的化身。但凡一沾染青，七情六欲，人世沉浮，或嗔或真，亦梦亦幻，如同人世间不染的青莲，抑或雨霁初晴的水光潋滟，而青瓷里的天青色沉淀，则如戏曲里青衣的青衫寥落。

青自带古韵，颜色耀而不浊，润物无声。国画中，青为一种主要的颜料，丹青色艳而不易泯灭，故以比喻始终不渝。遂想起贺铸所叹："试问闲愁都几许？一川烟草，满城风絮，梅子黄时雨。"在烟雨霏霏的江南时节，漫步在青城的青石板，空气中的水雾带着一种纤尘交融，弥漫开来，天青氤氲，如同渲染的泼墨。

青之一色天之痕，素为国人喜爱。方文山在《青花瓷》词中写道："天青色等烟雨，而我在等你"。这里的天青，严格意义上指的是青瓷，而非青花瓷。古人云："惟千峰翠色、梅子青、豆青，乃为纯青耳。"天色本蓝，有时为青。所谓"青釉"，颜色并不是纯粹的青，有月白、天青、粉青、梅子青、豆青、豆绿、翠青等，但多少总能泛出一点青绿色。

青瓷又分为很多种。天青瓷是汝瓷的代表颜色。诗中有云："雨过天青云破处，者般颜色做将来。"南北朝至唐宋以越窑为代表的南方青釉瓷，宋到元明的龙泉窑系青瓷，耀州窑、临汝窑、钧窑等宋代北方青瓷，以及明、清以来的景德镇青釉瓷器，是青釉瓷器发展的几个重要阶段，所谓的宋代"汝、定、官、哥、钧"五大名窑，除定窑外均属青釉瓷。其中哥窑就是龙泉青瓷。

历来青瓷为文人骚客所爱。唐陆龟蒙《秘色越器》云："九秋风露越窑开，夺得千峰翠色来。好向中宵盛沆瀣，共嵇中散斗遗杯。"北宋汝官窑中，天青为贵，粉青为尚，天蓝弥足珍贵。

后世的形容有"端庄杂流丽，刚劲含婀娜""细纹如凝冰之裂，在玉壶中可并肩"。"炉火纯青"这一词，想必也是脱胎于此吧。

南宋是中国青瓷的黄金时代，其中龙泉青瓷是中国瓷器的一座高峰。历经千年，从无超越。龙泉青瓷产品有两种：一种是白胎和朱砂胎青瓷，称"弟窑"或"龙泉窑"，另一种是釉面开片的黑胎青瓷，称"哥窑"。"弟窑"青瓷釉层丰润，釉色青碧，光泽柔和，晶莹滋润，胜似翡翠。"哥窑"青瓷以瑰丽、古朴的纹片为装饰手段，加之其釉层饱满、莹洁，与釉面纹片相映，更显古朴、典雅，堪称瓷中珍品。

"野泉烟火白云间，坐饮香茶爱此山"，唐代白居易的诗句道出时下的风尚。说到青瓷，不得不提茶。青瓷与茶，相爱相杀，历来不分家。唐代是青瓷诞生的早期，以越窑为典范。其中以法门寺出土的越窑青瓷葵口碗、婺州青瓷玉璧底碗为代表。茶圣陆羽在《茶经》中推崇将以越窑为代表的青瓷作为泡茶茶具。北宋时期，人们是极讲究喝茶的，所以还有专门煎茶的工具。

龙泉作为盛产龙泉宝剑、龙泉青瓷的地方，历史延续千年，自有它无可替代的神韵。宝剑作为冷兵器，已经随着时代发展退出历史舞台，而青瓷随着文化的厚积薄发，越发为众人所喜爱。听闻杭州不染文化艺术在传承青瓷这一种非物质文化遗产，深感欣慰。

我亦是如此的喜欢青瓷。遂写下这篇文字，表达个人喜好。上句源自《倩女幽魂》所述：王祖贤版的小倩，造型柔美飘逸，变幻万千。那一袭白衣如冷烟蔽月华，不染尘世雪霜。她明眸流转，浅笑含愁，如此清冷幽怨。白衣胜雪，闭月羞花之貌，用倾城国色来形容不为过。而瓷器唯以青瓷资格最为优雅，纤尘不染。

所谓月中美人，玉之高洁，瓷之清雅，莫不过如此罢。

练习与思考 >>>

1. 请解释成语"翠色欲流"并造句。

2. 散文"形散而神不散"，本文的形散在于它论及范围宽泛，神不散在于它的主旨集中而明确。本文的主旨是什么？请简要阐述。

3. 散文有写景状物散文和哲思抒情散文两种，你认为本文偏向于哪一种？说说你的理由。

第五节 中国青瓷小镇：夺得千峰翠色来*

孙侃

"世界青瓷看龙泉，上垟青瓷远名扬"，作为龙泉青瓷如今最集中的产区，2012 年 11 月，位于浙、闽、赣三省交界处的浙江省龙泉市上垟镇，被中国工艺美术协会授予"中国青瓷小镇"的称号。2013 年旅游景区验收。2015 年，上垟镇又荣获"2015 年度中国人居环境奖"，并成为浙江省唯一入选的"中国十大最美小镇"。2015 年年底，"中国青瓷小镇"又被列入省首批重点培育特色小镇创建名单。

青瓷小镇人气"爆棚"

行走在上垟青瓷小镇的街头，店肆林立、商贾云集、一片繁华，仿似穿越到了龙泉青瓷最为鼎盛的宋元时期。这里不仅是一处颇为诱人的旅游观光地，更是一个感受青瓷传统文化的最佳窗口，文化氛围十分浓郁。全国各地慕名而来的游客在此不仅能免费观看匠人现场制作青瓷的表演，学习品鉴青瓷成品，还能亲身体验制作青瓷小手工；更有热爱青瓷的新人们，不远万里来青瓷小镇拍摄婚纱照，让古典的青瓷成为新婚的甜蜜记忆。随着游客大量增加，小镇的餐饮、民宿、文化等配套产业也得到巨大拉动。据统计，2013 年至 2015 年，青瓷小镇接待游客人数已从 3.54 万人次增加到了 47.9 万人次，旅游总收入从 1 300 万元增加到了 1.96 亿元。

还有青瓷爱好者愿意扎根上垟，终老于此。在这里，笔者分享一下上垟女婿小王的人生故事。

小王是江苏人，妻子则是地道的上垟女儿，他们原本在上海经营建材，生意甚为红火。第一次随妻子到上垟探亲时，小王目睹青瓷那温润如玉的釉面，感受到精湛无比的工艺时，即产生了极大的兴趣。2012 年，两人不顾家人的极力反对，低价折卖了上海的建材存货来到上垟发展。小王说，在这个具有浓厚文化底蕴的青瓷小镇生活，感觉很满足，也很幸福。如今的他们，青瓷梦想已在渐渐化为现实。

除了小王这样因喜爱而加入制作销售行列的青瓷人，青瓷小镇还吸引了众多重量级青瓷设计和制作高人。据不完全统计，至今已有 10 多位国家级和省级工艺美术大师在青瓷小镇设立工作室，研究青瓷文化、从事青瓷创作。中国工艺美术大师，国家级非物质文化遗产龙泉青瓷传承人徐朝兴，以及张绍斌、王传斌、叶小春等中青年青瓷名师等在此驻扎或现场操作，每年还会有世界各地的青瓷大师来此采风并举办交流活动，与本地的青瓷创作者进行思想碰撞，以产生智慧的火花，提高龙泉青瓷的艺术创作水准。与此同时，青瓷小镇还与中国美术学院、景德镇陶瓷学院、浙江师范大学美术学院等高等院校结成了良好的合作关系，并成了大学生的实习基地。

据介绍，如今的青瓷小镇，已逐步形成仿古瓷、日用瓷、艺术瓷、包装瓷为内容的产业格局。截至 2015 年年底，已有 89 家青瓷企业、青瓷传统手工技艺作坊和 600 余家私人青瓷工作室入驻，为当地农民提供了 4 000 多个就业岗位。2015 年年底，"中国青瓷小镇开发项目"正式签约，引入高达 30 亿元的投资额。

青瓷小镇由来知多少

中国青瓷小镇

上垟小镇自古交通发达，百姓依托民间青瓷产业，生活富足。早在魏晋南北朝时期，龙泉的劳动人民倚靠当地得天独厚的自然优势，开始烧制青瓷。在吸取越窑、瓯窑、婺窑等烧瓷的经验后，其烧制技术逐步成熟。寻常的男女老少，几乎个个都掌握了烧瓷的本事，户户都设有私人窑洞。上垟古镇由此被公认为龙泉青瓷的发祥地。

青瓷烧制技艺和规模在宋元年间达到空前的鼎盛和繁荣，并远销亚、非、欧等地，是海上丝绸之路的重要经贸货物。1 000 年前郑和下西洋，龙泉青瓷传入欧洲，欧洲人民被其典雅青翠、釉层厚润的韵味所征服，巴黎人还送给它"雪拉同"（当时被法国人热捧的一部戏剧的女主人公）的美名。然而，随着中国封建社会的改朝易代，加之时局动荡，明朝之后，龙泉青瓷制造业渐渐衰退，至清末，青瓷产业日暮途穷，上垟烧瓷技艺也几近销声匿迹。只有那座青瓷古龙窑，百年来窑火未断，使青瓷文化一息尚存。

新中国成立后，上垟流失在外的制瓷能工巧匠被龙泉市政府大量召回。1957 年，周恩来同志下达了一道振奋人心的批示——迅速恢复中国历史五大名窑，尤其是龙泉窑和汝窑的生产；次年，国营龙泉瓷厂总厂和青瓷研究所在上垟古镇拔地而起。从此，龙泉青瓷再次迈步走上复兴之路，而上垟小镇由此也得以续写青瓷文化发展新篇章。

20 世纪 90 年代末，市场经济的渐渐确立，既冲溃了旧有的经济模式，也让国有企业经受了巨大的考验。1998 年，国营龙泉瓷厂总厂改制，员工离散，红红火火烧瓷的场面一去不复返。上垟的国营瓷厂办公大楼、青瓷研究所、专家宿舍、工业厂房、大烟囱、龙窑、倒焰窑、水碓等标志性设施，也已荒废闲置多年。一个颇耐人寻味的现象是，2009 年 9 月，龙泉青瓷烧制技术成功进入世界非物质文化遗产保护名录。自此，龙泉青瓷在国内外的知名度越来越大，而其发祥地上垟竟日渐被人们所遗忘。

在此背景下，龙泉市委、市政府把省政府"三改一拆"工作部署与青瓷产业发展相结合，以"继承保护并合理利用"为原则，对沉寂 20 多年的国营老瓷厂进行了分割改造，下大力气再现龙泉青瓷生产的壮阔场面，向全世界展示青瓷千年的兴替和发展，使其成为"一带一路"宏伟规划中的中华元素和重要支点。经过几年的努力，十多万平方米的旧厂房已被改造成现在的青瓷文化创意园，既保留了昔日烧瓷的原汁原味，又增加了新元素。越来越多的青瓷文创企业在当地政府的邀请下欣然入驻，青瓷小镇由此愈发红火。

青瓷小镇谱写发展新篇章

近现代龙泉青瓷展示馆

为使青瓷小镇有更好、更快的发展，2015 年 12 月，龙泉市政府与上海道铭投资控股公司共同签订了"中国青瓷小镇开发项目"合作协议，旨在以"政府引导、企业参与、市场运作"为手段，以上海朱家角、云南丽江等国内特色小城镇的开发模式为借鉴，争取把上垟打造成"国际化、高端化、有文化、有故事、有乡愁"的特色青瓷小镇。

在打造青瓷小镇的同时，龙泉市政府还与其周边的宝溪、八都、竹垟等组建整合成一条完整的生态环境体验之旅、青瓷文化追溯之旅、小镇漫生活之旅，并与之互补、利用、开发。此外，龙泉市还在"市区—小梅"旅游线上设计了"剑风瓷韵、千年窑址"主题，城区的龙泉青瓷文化创意基地、青瓷宝剑苑、龙泉宝剑文化创意基地，规划建设的剑村瓷谷文化创意园、大窑国家考古遗址公园、国家竹海公园、"竹建筑公社"等也将成为重点开发的景区。

接下来的三年中，龙泉市政府还将投入 50.5 亿元巨资，对青瓷小镇的旅游配套和城镇配套等硬件设施进行综合建设。并以青瓷文化为创意，大力推动青瓷小镇文态、形态、业态和生态等各方面的融合和提升，打造中国工业旅游示范基地、中国农家乐综合体，使上垟跨出国门，成为世界级、国际性的中国青瓷小镇。

"九秋风露越窑开，夺得千峰翠色来，好向中宵盛沆瀣，共嵇中散斗遗杯。"（唐·陆龟蒙《秘色越器》）这几句古诗把龙泉青瓷描述得美轮美奂。相信这座一度沉寂的小镇，终将成为一片弘扬青瓷文化、发展青瓷产业的热土。

【作家简介】

孙侃，笔名丁山、阎文。浙江慈溪人，中共党员。1986 年毕业于浙江师范大学中文系。曾任浙江省建筑安装职工中专教师、杭州市司法局办公室副主任等职。曾下派至乡镇挂职锻炼，任镇委副书记。现任浙江省作协创作研究部副主任，浙江省作协全委会委员。1984 年开始发表作品，2008 年加入中国作家协会。已发表小说、散文、报告文学等文学作品 150 万字。著有长篇报告文学《我怕死》《我的心里有个魔鬼》，散文集《在俯瞰中放松》，传记文学《沉抑曲家——张可久传》（浙江省社科重点项目）等。

练习与思考 >>>

1. 说说纪实散文的特点，并分析本文的艺术特色。

2. 读了本文后，请结合实际，谈谈你对青瓷小镇未来的期待。

3. 文章中上垟女婿小王的人生故事对你有什么启发？

第六节　课外阅读：小小说两篇*

青瓷孤瓶

潘春华　叶建明

山城某小镇青瓷村张姓家里保存着一件祖传的宋代青瓷精品，含苞初开的荷花造型，古朴庄重，釉色青翠，洁净素雅，珍奇名贵，是青瓷中的孤瓶。许多人以高价求购，张家虽家贫也不舍得抛售。

山城文化局唐局长为青瓷世家后代，经常考察青瓷遗址，风餐露宿，累垮了身体。因为对青瓷的知识渊源而痴迷于青瓷，他曾多次去张家观赏过那荷花青瓷孤瓶，多次出高价想收藏，但都因为主人的婉拒失望而回。好几年来，没有收藏这件孤品，成了唐局长的一大心病。他常常对妻子说："不能得到那孤品，真遗憾，对那孤瓶的归宿我好担心啊！"唐局长对青瓷的爱好，也让社会上的人颇有微词。

青瓷孤瓶

　　一年后，唐局长的局里要招考一名事业编制的干部，张家的独生子小张刚好大学毕业，也报考了。小张在大学里担任学生会干部，是省优秀大学毕业生。小张去送材料时恰巧遇见唐局长，他被局长迎进了办公室。局长办公室装饰素雅，全景乳白色，老式办公桌，上面堆满一本本厚厚的书，四周陈列着几十件造型各异的青瓷。

　　"你是张家的孩子？"唐局长问。

　　"是的。"小张有几分惊诧，又有几分高兴。

　　"你要好好准备笔试和面试。"

　　"我担心自己考不上。"

　　"你在大学里表现很好，有希望的。"

　　"我家里很穷，又没有关系。"

　　"你放心，现在招考都很公正的。"

　　小张心里多了几分自信。

　　"你家的荷花青瓷卖了吗？"

　　"我爸妈借钱供我读书，也舍不得卖！"小张顿生疑惑。

　　"那就好，那就好。"唐局长一脸的喜气。

　　小张似乎听出了唐局长言外之意，闷闷不乐地回到了家中。

　　小张回到家里，对父母亲说起了与局长巧遇之事，家里人既烦恼又高兴，不去局里打点一下，恐怕会让小张的前途折戟，花点钱嘛，家里又挤不出几个铜板。为了孩子的前途，张家最终决定，把祖传的荷花瓶奉献给唐局长。小张多次到唐局长家登门送那孤瓶，都被下了逐客令，唐局长对他说："你如果高价卖给我，我会接受，你如果送给我，我坚决不接受。"最后小张家人通过朋友，趁唐局长开会的好机会，悄悄地把那孤瓶留在唐局长的办公室，瓶内留有张家三人签名的信。唐局长回到办公室，看到了孤瓶和信件。

"唐局长：你好！我们看到你对青瓷的热爱，决定把它无偿送给你，不是向你行贿，而是让孤瓶找到归宿，我们也安心了。如果你认为这有受贿之嫌，那就请你转交博物馆保藏，算是我们无偿捐献吧。"唐局长看完简短的信，又看着孤瓶，心里阵阵酸楚，禁不住流下了眼泪。

招考结束，小张以笔试和面试第一名的成绩被录用了。这次招考事件舆论哗然，大家的议论矛头也指向了唐局长，网上发起了"青瓷局长"的微博，有人举报唐局长收受了孤瓶，纪检部门介入调查。

这时，唐局长突然住院了，纪检同志在重症监护室找到了他。唐局长的妻子把办公室的钥匙和一本登记小张姓名的存折和一封信转交给纪检同志。

纪检同志来到唐局长办公室，打开信件，信的内容主要是请组织把存折转交给小张家，把自己多年来收藏的青瓷和那孤瓶无偿捐献给山城博物馆。

原来，唐局长两年前就查出肝癌晚期，却一直瞒着大家带病坚持工作，因为局里还有很多工作没有完成。曾请辞过，上级没有批准。

纪检同志环视办公室，那荷花青瓷孤瓶，俨然是一朵盛开的荷花。

练习与思考 >>>

1. 小说的题目有什么含义？孤瓶有什么象征意义？

2. 试分析唐局长的性格特征。

3. 小说的结构有什么艺术特色？

祖传青瓷碗
佚名

①落日照着那只旧船一起一伏，芦竹映衬着这古朴的木刻般的景色。老人一动不动地蹲

在船上，咬着烟管，斜视着不远处车来人往的斜拉桥。他脸上毫无表情，眼角皱纹向下斜伸着。新建的独塔式斜拉桥使他显得更加古怪了。

青瓷碗

② 大桥落成剪彩那天，是他摆渡生涯的终结。

③ 他不能离开他的渡口。每天傍晚都这样蹲在船上，咬着烟管斜视着不远处车来人往的大桥，一动不动，好像在等待他往日的顾客。

④ 听到凌乱的脚步声，他知道儿子和孙女又送饭来了。儿子在镇上做临时工，他是一个不安分的人。"爷爷，爷爷，吃饭了。"小孙女捧着青瓷碗跑过来。这只青瓷碗也是老人心爱之物。他兄弟分家各得一只，但兄弟的已经和主人一起入了坟茔。青瓷碗厚实笨重，形体大而容量小，虽不是越州名产，但它的古朴也是别有风味的，不过老人对它的钟爱，却是因为这是祖传家珍，神圣可敬。老人历来用它吃饭，成了不容更改的规矩。而现在，渡口废弃，渡船闲下来，用这碗便成了他怀旧的一种慰藉。他拉一下披着的黑布衫，没回过头来。儿子一步跨上船，一边跺跺脚，好像考察一下船的适用度，一边说："爸，你以后别再来这儿了。在家听听广播、看看电视好不好？"

老人知道儿子早在打他的主意了。这船陪他经历了几十年风雨浪涛，他靠了它立门面，翻造房屋，又靠它娶儿媳，现在儿子要用它来搞运输，搞长途贩运，他感到格外凄凉。他敌视地看了一眼儿子，一声不吭。

"爸，你快吃饭嘛，都凉了。"儿子不耐烦地说。

"爷爷，你快吃饭嘛。"小孙女用碗碰碰老人。老人一转过身来。不料碰落了他那祖传的青瓷碗，一声沉闷的钝响，碗碎了。

小孙女呆住了。老人抡起他的粗手掌，瞪圆布满红丝的眼睛，怒视他素来钟爱的小孙女。儿子忙过来护住女儿说："爸，碗碎了就罢了，也该换新的了。"

老人把怒气发在儿子身上，指骂着："你这败家子，败尽家当的是你！"儿子耸耸肩，讪笑着说："旧的不去，新的不来。你翻屋不是拆了旧屋吗？"老人暴怒了，喘着粗气，抖动白短髭，脸憋得通红，说不出话来，好久才哼了一声，跳下船慢腾腾地穿过芦竹回家去了。

"爷爷生气了。"女儿泪汪汪地说。父亲淡淡一笑，背对着晚霞，看着那郁郁青青的芦竹说："来，我给你做吱吱管儿玩。"

练习与思考 >>>

1. ①③段为什么反复描写老人的神态动作？

2. ④段中说"他是一个不安分的人"，你认为"儿子"是个怎样的人？

3. "爷爷"的思想性格特点是什么？

4. 本文运用了对比、象征的手法，请举例说明。

    对比：

    象征：

5. 作者以"祖传青瓷碗"为题，其意图是什么？（最少写出两个方面）

6. 下列四句名言中，哪两句与"祖传青瓷碗"的旨趣最为接近？

    A. 欲穷千里目，更上一层楼。

    B. 青山遮不住，毕竟东流去。

    C. 夕阳无限好，只是近黄昏。

    D. 桐花万里丹山路，雏凤清于老凤声。

综合实践活动课：龙泉青瓷发展"金点子"

1. 目的与任务

1）让学生深入社会调查，了解青瓷的发展状况，为青瓷文化的传承与发展出谋划策。

2）培养学生积极参与青瓷文化发展工作的兴趣，提高策划"金点子"的能力，促进学生综合素质的全面提高。

2. 活动流程

1）活动准备。让学生进行青瓷及其文化市场调研。

2）活动过程（活动中心工作）。

① 分组合作策划"金点子"。

② 设计形成文字，坚持实用又创新的原则。

③ 小组交流互助。

3）总结和后期整理，选择优秀"金点子"上交学校和相关部门，供参考和借鉴。

单元三

诗咏青瓷

龙泉青瓷, 历史悠久; 青瓷文化, 魅力无穷! 这一组以瓷为主题的诗歌, 蕴含着诗人们热烈、丰富、深沉的情感。吟诵并欣赏这些诗歌, 可以陶冶情操, 加深我们对龙泉青瓷的认识和热爱。

龙泉大窑枫洞岩窑址全貌

学习诗歌, 要把握诗歌中寄寓诗人情感的具体形象。反复朗读诗歌, 体会诗人的情感, 领会诗歌语言的魅力。

学习诗歌, 重要的就是品味诗歌的意境, 走进作者的内心, 与作者进行心灵的对话, 产生心灵的共鸣, 充分吸收诗歌中蕴含的丰富的精神营养。

《中国青瓷》《青瓷巨碗》《大窑瓷花》《家乡的碗》引导读者展开联想和想象，品味其意蕴；《龙窑遗址》《溪口碗，兼致雪亮》从独特的角度及历史的底蕴，对作品进行品味和感悟；《青瓷小镇》《青瓷美人醉》等作品，蕴含着丰富的想象、奇特的构思与深邃的意境，表达了诗人不同的心境与情感；选读材料中还安排了古代和当代写青瓷的格律诗，开阔学生的视野；知识链接主要介绍了中国新诗发展史，供学生学习新诗参考。

怎样深入品味诗的意境呢？最有效的办法就是反复诵读。古人常说"熟读唐诗三百首，不会作诗也会吟"，大量诵读、反复吟咏是培养语感、提高诗歌鉴赏能力的有效途径。在抑扬顿挫、富有感情的诵读中，我们开启想象之门，品味、鉴赏诗歌独到的韵味、意境和情感。为此本单元的综合实践活动课为"青瓷诗歌"朗诵会，既能巩固学生的学习成果，又能提高学生诵读诗歌的能力。

本单元"练习与思考"部分，旨在帮助学生体味诗歌的精髓，提高阅读理解能力和表达能力。

第一节 中国青瓷

闻欣

江南多山

便有了千峰翠色

江南多水

便有了这绿似春波的水意

独处瓯江上游

青瓷

向世界亮出的是

中国江南的肤色

世界

有多少蓝眼睛黑眼睛

望着琉华山下

哥窑

弟窑

一望八百年

至今无法将目光收回

与瓷土相依为命的大师

把感情与智慧
注入了青瓷的骨髓
美便有了永恒

中国青瓷
自有中国的风骨
大师们面对世界
为中国造型

【作者简介】

闻欣，原名应文兴，1934 年 5 月出生于浙江省缙云县小仙都盖竹村。1957 年开始业余诗歌创作，出版过诗集《带蜜的云》《岁月之旅》《回游》等；1994 年开始散文创作，出版过散文集《远去的背影》。作者系国家二级作家，浙江省作家协会会员，长期在龙泉工作，曾任浙江省龙泉市文联主席，丽水地区作家协会副主席。

闻欣

练习与思考 >>>

1. 读读写写。
   瓯江　骨髓　永恒　造型　千峰翠色

2. 结合全诗谈谈你是怎么理解"美便有了永恒"的。

3. "江南的肤色"是指什么颜色？"中国的风骨"是指什么？

知识链接 作家谈作者

闻欣属于沉思型的诗人，他笔下有对山水、对万物、对人生百态的思考，常有神来之笔。这么多年来，闻欣老师一直默默坚持写作，很让人感动。

（浙江省作家协会诗歌创作委员会主任 柯平）

闻欣的诗，给人带来非常舒适的阅读享受，表达真诚、纯粹，语言质朴、明晰，情绪把握也非常到位，他有优秀诗人的内心情怀。他用他的诗歌眼睛，审视着周边事物和自我，并且善于在生活中发现诗意和美。

（浙江省作家协会散文创作委员会主任 马叙）

第二节　流泉诗二首

流泉

（一）青瓷

与岁月隔着瓷土

在木岱口，终于看见了这瓷土上

轮回时光之黑白

黑之部分，有细小呼吸

聚集，深处的水，依附在坚硬的骨质上

白之部分，暗中之火

积攒全部热能，等待又一次激情的喷发

水与火

在龙窑中，达成默契，天与地

呈现一大片青色

气象大开大阖，有不为人知的包容

粉青、梅子青，次第登场

釉色宣告了新生

尘嚣外

我的中年之身，一半是开片的，另一半

却有震裂后唇齿相依的圆满

青瓷片

（二）青瓷小镇

国营瓷厂已成一帧旧照片

黑白的纹络

定格小镇昨天

那些年的青葱是不复的流水

在青瓷研究所

我看见了王传斌的羞涩

还看见了依旧冒青烟的

长长的龙窑

那会儿这里叫上垟，当然在今天的

地理志上，它仍然叫上垟

在季建真的眼里，上垟

是一道瓷光

照亮龙泉的夜空

文化，让中国青瓷小镇

重新写上"雪拉同"的字样

从炉火中走出的青瓷

像玉 像美人

市声喧嚣早偷走我太多的听觉

而我，还能握住这一汪美色

一颗心静下来

一大把时光慢下来

我因此庆幸，在上垟

在中国青瓷小镇，第一次听到了

瓷骨的振荡

这一定是水与火最浪漫的一次交媾

脱胎传统的一次裂变

中国青瓷小镇全貌

【作者简介】

　　流泉，原名娄卫高，男，汉族，浙江龙泉人，"六零后"。祖籍湖南娄底，现居丽水。中国作家协会会员，丽水学院客座教授。曾先后在《诗刊》《星星》《北京文学》《扬子江诗刊》《中国诗歌》等国内外报纸杂志发表各类文学作品，多首诗歌入选各种年度诗歌选本，全国首届"大观文学"奖得主，著有诗集《在尘埃中靠近》《风把时光吹得辽阔》《白铁皮》《佛灯》（与人合集）等。

练习与思考 >>>

1. 给下列词语中的加点字注音。

积攒（　　）　　媾和（　　）　　默契（　　）　　一帧（　　）

2. 解释下列词语。

羞涩

喧嚣

大开大阖

唇齿相依

3. 在《青瓷》和《青瓷小镇》中，作者分别看到了什么？

知识链接 葛雨财——流泉诗歌的二元对峙模式

诗歌的艺术构成，有各种各样的模式。诗歌的艺术生成模式，对诗人来说，既有独特性，又有典型性。它是诗人从"自我表现"走向普遍形态的一种转化，并在"范型"中实现自我，完成自我。阅读流泉的诗歌，如果不是割裂的、单方面地进入，而是整体性观照与把握，那么，我们就不难发现，它存在着一种二元对峙、共在与转换的艺术模式。也就是说，他的诗歌构成要素，往往是相对或相反地共同存在于同一首诗中，经过往返冲折，流转演进，相反相成，相济相生，最后形成一种有一定指向的完满与圆融。

例如，《窗外的鸟鸣》这首诗，以"窗"为中介，把窗外的"黎明"与窗内的暗夜相对峙，而"窗外的鸟鸣"像一群热情的孩子，"唤醒"了窗内人们的"沉睡"，使他们的"灵魂"从"一夜之沉沦"开始"不断上升"……在这里，黑与白、暗与明、睡与醒、下沉与上升、人文与自然，相互撞击与激荡，由外而内，辗转流变，相反相生，于是，在"鸟鸣"的四溅声中，归结性地迹写了一个人的一天乃至一生的普通而永恒的人生："把铁炼成钢／把生米煮成熟饭"。

又如，《码头上的春天》，不仅把春与秋对举，更主要是把那春的"一江涟漪"说成是"漾出一些绿绿的病"，把春说成病，犹如把爱情说成疾病，两者有异曲同工之妙。春怎么是病呢？"春天是容易发病的。我乐意和春天一起发病／春天的码头上，一朵小桃花／令我癫狂。我还可以更多的不可救药／只让水底下的游鱼道出病根"。这"桃花"，这"游鱼"，象征着春季来临生命勃发的欲望和躁动。表面上是病，实质上是必然。此种反题命名，不仅奇警、怪异，而且言此意彼，情味遥深。所以，诗人最后这样期待"码头上的春天"："只要码头还在，水还在""只要春天还在，绿还在""一直这样软软的病着／我也是幸福的"。

诗人的此种二元对峙模式，不只体现在意念和情感层面，同时也植入意象的布置与词语的拼接。从而使这种模式在诗中，获得有血有肉的、鲜活跃动的生命力。比如，秋——"一

青瓷语文

64

池蓝黑的水""微澜很低""金色的大雁是飞在高高的天上了";比如，清明——"黄鹂已叫过三遍 / 丁香已开了五回";比如，本命年——"活着，青草一样消受世间的美好 / 离去，落花一样隐去芬芳";比如，时光——"昨夜长风穿堂过 / 今朝晴雨入梦来"，等等。这些意象的并置与连接，既扩大了诗意的空间，又延展了诗意的时间，使诗人的灵魂在广阔、深远的艺术时空中，自由翱翔，幻化出千姿百态……

而在语言的组件上，正反拼接，差异整合，不仅增强了词语的弹性，而且构成了语境的巨大张力。这样的诗歌话语图案，充盈着生机和活力。比如，"我始终不能漠视一个爱情的词汇 / 那样的快乐被深深的痛苦拥绕"，"快乐"与"痛苦"合一，形成了爱情的异质同构，确认了爱情的复杂与真实。又如，"我已经把世间事看得很薄"，而"把一些小猫小狗看得比金钱重"，"薄""重"之间，凸显了诗人对生命的敬畏与呵护。再如，"当心与心的碰撞，释放足够能量 / 当暗夜的花朵 / 盛开无穷的光芒 / 我，就成了一块独一无二的瓷石 / 柔软并且坚强"，"暗夜"与"光芒"，"柔软"与"坚强"，都在"心与心的碰撞"中，对比转换，正反合成，有力地刻画了诗人的生命人格。其他如，"虚无"与"存在""末路，或者归途""瞬间与永恒"，乃至卑微与崇高、放下与坚持、肉身之重与灵魂之轻，等等，都在对立统一的辩证中，昭示了无尽的人生的奥秘与哲思，像黑暗中隐藏的珍珠，放射着熠熠的真理的辉光，洞彻了人间世界和宇宙万象。

诗人这种二元对峙的诗歌模式的创造，一方面是来源于人生活在矛盾的汪洋大海之中，对立冲突无处不在；另一方面，也是由于诗人秉持的辩证的审美思维方式。两者的对应与遇合，造成了这种模式既是现实的反映，同时也构成了反映的现实。现实的对立与不和谐的性质，经由辩证的相互作用，被赋予一种完整的形式，一种有机的艺术秩序。而此种形式与秩序，正蕴含了对现实生活的升华与超越。所以，诗中流淌、涌动的诗人的生命情调，虽然纷繁变幻，但其主导律动则是乐观的、向上的、升腾的，有如一支激越的交响乐，在起伏回荡中，一声声叩响人生的命运之门……

正如诗人在《入戏》一诗中所写的："一个舞台总有大悲大喜，而我们 / 不需要戏外戏。"

第三节　江晨诗二首

江晨

（一）青瓷巨碗

早已熟知你的存在
许多人也说起神奇
直接面对的一刹那
震撼，还是激越全身

一只青瓷巨碗

盛放古今浙江，恍然间
河姆曙光，良渚筑城
西湖揽胜，天下粮仓
跨海天路，衣被天下
诗画之路，钱江潮涌
城乡同创，茶香悠远
——呈现，呈现——
一只青瓷巨碗
肇始三国两晋，泥与焰
舞动一千七百年的瓷韵
以手工的技艺，融合
天地之色，天地之情
淋漓人间的大美
抵达艺术的巅峰

一只青瓷巨碗
从龙泉出发，穿山越水
抵达上海世博的殿堂
以浙江的形象
民族经典的姿态
发出中国声音
惊美世界，激荡心灵
China，中国；china，雪拉同

青瓷巨碗

（二）大窑瓷花

怀揣虔诚，无数次走进大窑

置身村舍栉比、小桥流水

绿树如云，沿溪两岸青瓷窑址

以及，满山遍地青瓷碎片之间

体味自然纯朴的意，青瓷文化的韵

沉迷琉田，无数次怀想过往景象

那是五公里山坡上，燃起数百支龙窑

烟火相望，一带繁华。并且诞生

两个青瓷的王，一个叫章生一

另一是章生二；两个窑

一个叫哥窑，另一个是弟窑

琉华不老，雾锁大窑

那是山花，是秋枫，四季轮回中

绽放，红透。那是瓷花

梅子青、粉青、冰裂纹，千年时光中

登峰造极、名动天下，并且留下

无限的荣光，以及巨大谜团

瓷窑

1. 给下列词语加点字注音。

一刹那（　　）　震撼（　　）　恍然间（　　）　肇始（　　）

淋漓（　　）　巅峰（　　）　虔诚（　　）　栉比（　　）

诞生（　　）　绽放（　　）

2. 《青瓷巨碗》里，青瓷巨碗神奇在哪里？《大窑瓷花》里，大窑瓷花的"意"和"韵"表现在哪里？

3. 在两首诗歌里，作者对青瓷寄寓了怎样的情感？

第四节　洪峰诗二首

洪峰

（一）龙窑遗址

在瓦窑垟，在这座向阳山坡上

安静地趴着两座龙窑遗址

窑壁的夯土和土砖，还依稀可见

龙窑遗址

从零散的垫烧托钵里，寻找蛛丝马迹
尔后适当发挥点想象
之前反复练习的情景便如期而至

譬如这次
一群南宋窑工，在窑头忙碌添柴
窑膛内火苗滋滋作响，窑烟正从窑尾缈缈飘出
远看，如同两条腾空而起的黄龙

在瓦窑垟，在这座向阳山坡上
我又一次低下头颅
让上身的倾斜，尽量与窑床坡度
保持一致

（二）溪口碗，兼致雪亮

确切地说
这曾经是一只碗
一只南宋溪口碗

可是，V形豁口
直抵碗底，让所有的盛放
如时间般流失
好吧，让我们开始
用石灰修补这几处缺口
用胶水粘合

残缺瓷碗

一段破碎的历史

"这是一只扔在
路边也没人捡的破碗吧？"
你的疑问重重

来自青釉的光芒
正从豁口、石灰和粘缝间轻轻溢出
让我很快忘记了
它原本的残缺

【作者简介】

洪峰，原名洪汝锋，1971 年 5 月生，系浙江省丽水市文艺评论家协会首批会员，丽水市作家协会理事，龙泉市作家协会副主席，现任龙泉市新闻传媒中心总编辑。曾在各级报刊发表文章 400 多篇，获奖 20 余次，《瓯江源诗刊》副主编，出版诗集《一个人的瓯江》，主编《华严塔》等多部书籍，在多处媒体微信公众号开设"洪峰赏瓷"专栏。崇尚地域性写作，通过诗歌创作和青瓷鉴赏，致力于丰富和推动瓯江地域文化的繁荣发展。

练习与思考 >>>

1. 给下列词语中的加点字注音。

遗址（　　）　　　夯土（　　）　　　蛛丝马迹（　　）　　　譬如（　　）

倾斜（　　）　　　豁口（　　）　　　粘合（　　）　　　溢出（　　）

2. 在《龙窑遗址》一诗中，"我又一次低下头颅 / 让上身的倾斜 / 尽量与窑床坡度 / 保持一致"，表明了"我"对龙窑遗址怎样的态度？

3. 在《溪口碗，兼致雪亮》一诗中，"让我很快忘记了它原本的残缺"的原因是什么？

第五节　宋　瓷*

魏东明

龙泉博物馆外刚刚下过雨
你的釉色就可以翠出水来

雨停了，你是否也可以
像天空一样放晴，一袭青衣

宋瓷·哥窑投壶

多少年，你习惯了地下的幽暗
如今你展现在灯光下，世人面前
今世是何世？悠悠千年
世间已沧桑过几回，天下早已不再姓赵
那就姓宋吧，叫你宋瓷

你没有言语，时光相隔太久
来不及学会今人的潜规则
也怕一开口，浓厚的宋韵
长调兼小令，谁人能听懂

【作者简介】

　　魏东明，1971 年生，1988 ～ 1990 年就读于丽水师专物理系，2004 年从温州师范学院物理系毕业。1998 年加入丽水市文联作家协会，创作诗文 100 多篇，曾在报纸杂志发表诗文 20 多篇。

1. 给下列词语中的加点字注音。

   幽暗（　　　） 沧桑（　　　） 长调（　　　） 潜规则（　　　）

2. 诗歌运用第二人称的写法，有怎样的好处？

3. 本诗抒发了作者对宋瓷怎样的情怀？

第六节　家乡的碗*

张建青

家乡有两只碗
一只是哥窑
一只是弟窑

把哥窑朝下当作天……
宋代的一枝杏花就布满红霞
浓艳烂漫
林海蒸腾，春风化雨
拂过头顶、心坎
拂过千年的沧海桑田
千年风卷龙啸

把弟窑朝上当作地……
凤阳山的险峰就剑一般矗立
威仪峻拔
瓯江如练，从这飘起
飘过田畴、村庄
飘过八百里的剑风瓷韵
八百里的梦想

家乡有两只碗
上下合并
就是龙泉
就是天与地

【作者简介】

　　张建青，笔名披云樵夫，1963 年出生，龙泉市宝溪乡人，龙泉市中等职业学校物理专业教师，在教学之余，怀着对诗歌的挚爱，将自己对学习、工作、生活、爱情和社会的感悟写成一首首诗歌，先后创作诗歌 100 多首，曾在《今日龙泉》等报刊上发表诗歌十余首，编辑诗集《张建青诗歌自选集》，《家乡的碗》谱曲曾获 2014 年"美丽中国·梦想丽水"丽水市第九届原创歌曲大赛创作银奖。

练习与思考 >>>

　　1. 给下列词语中的加点字注音。

　　蒸腾（　　）　　心坎（　　）　　沧海桑田（　　）（　　）

　　矗立（　　）　　田畴（　　）　　风卷龙啸（　　）

　　2. 诗中的"天"与"地"分别指什么？这种修辞方法的运用有何妙处？

　　3. 请说说歌词的特点。

第七节　现代诗歌二首*

（一）青瓷美人醉

金少芬

瓯江源头的清水

与龙泉西乡的红土

孕育了美人坯

有贵妃肥

也有飞燕瘦

一千二百度的窑火涅槃

熔炼了一身柔情傲骨

仅是一件粉青

或梅子青衣

占尽南宋婉约风情

盖了后宫六院三千粉丽

冰清玉洁

却挡不住胴体蓬勃饱蘸的欲

逆转时光流转的沧桑

迈过重重坎

回眸一笑

玉颜如驻

怎不叫人醉

青瓷歌舞

【作者简介】

金少芬，女，浙江省摄影协会会员，丽水市作家协会会员，龙泉市作家协会秘书长。作品散见于《中国诗人》《东海》《西湖诗报》《丽水文学》等文学专刊及《旅游视野》《江南旅游报》《丽水日报》《处州晚报》等杂志报纸。其摄影、诗歌作品曾多次获奖。现供职于龙泉市人民政府防空办公室。

（二）五股窑水碓

胡晓武

截一段流水的时光

把它刻进松木的心里

精磨细琢

一回回的轮转

一次次的捶打

山和水的颜色也揉进了碎的土里

等待千峰的翠色，瓯江的水绿

在窑火的煅烧中

于青瓷的釉色里

涅槃，重生

窑水碓

【作者简介】

胡晓武，笔名秦淮，1978 年出生于湖北随州。2001 年毕业于湖北大学中文系，同年到浙江龙泉市任教十余年；2010 年取得浙江师范大学教育硕士学位。现为丽水市诗词楹联学会会员，龙泉市作家协会会员，现供职于龙泉市文联。

练习与思考 >>>

1. 给下列词语中的加点字注音。

美人坯（　　）　涅槃（　　）　胴体（　　）　捶打（　　）　煅烧（　　）

2. 解释下列词语。

回眸一笑

冰清玉洁

玉颜永驻

精磨细琢

3.《青瓷美人醉》中，"贵妃肥""飞燕瘦""婉约风情"各指什么？融入诗歌中有什么作用？

4.《五股窑水碓》中，作者写出了"水碓"的什么特点？抒发了什么思想感情？

龙泉青瓷
王慧

微风轻拂小丝弦，
芳草遥看淡满川。
雨后青梅含翠色，
泉声带月隐松烟。

青瓷杯

水上青瓷路
王慧

晴川溪路水如天，
行尽嵯峨伴鹭眠。
更引瓯江云壑意，
千峰翠色入风烟。

【作者简介】

　　王慧，龙泉籍，供职于中国工商银行龙泉市分行，中国楹联协会会员，丽水市作家协会会员，龙泉市作协副主编，多篇诗文在报纸上发表。

李良花咏青瓷绝句二首（中华新韵）

（一）

闲潭印月静无风，
色揽春山万翠峰。
抷水和泥烧润玉，
瓷家巧手叹神工。

青瓷首饰

（二）

润似春潭皎月溶，
声如击磬噤鸣蛩。
最怜飞鸟成双至，
误入瓷家觅绿丛。

【作者简介】

李良花，女，1971年出生，龙泉市中等职业学校数学专业教师，心理咨询辅导员，龙泉市诗词协会会员。平时喜欢古典诗词，时常将对自然和社会的观察与感悟浓缩成一首首诗歌，先后创作了格律诗50多首，多首诗歌在报刊杂志上发表。

秘色越器

唐·陆龟蒙

九秋风露越窑开，
夺得千峰翠色来，
好向中宵盛沆瀣，
共嵇中散斗遗杯。

青瓷杯

贡余秘色茶盏（诗赞龙泉青瓷）

五代·徐夤

捩翠融青瑞色新，
陶成先得贡吾君。
巧剜明月染春水，
轻旋薄冰盛绿云。
古镜破苔当席上，
嫩荷涵露别江濆。
中山竹叶醅初发，
多病那堪中十分。

练习与思考 >>>

1. 给下列词语中的加点字注音。

嵯峨（　　）（　　）　　云壑（　　）　　挹水（　　）

击磬（　　）　　鸣蛩（　　）（　　）　　共醅（　　）

2. 解释下列词语。

捩翠融青

巧剜明月

闲潭印月

3. 新诗与格律诗有什么不同的地方？

所谓中国新诗，是指打破古典诗歌固有的形式与内容，受到外国诗歌和本民族文人与民间诗歌的影响，以现代白话表达现代人思想情感的一种新的诗歌形式。

1917年2月，《新青年》刊出胡适的《白话诗八首》，现代诗歌诞生。

1920年3月，胡适的《尝试集》出版，中国文学史上首次出现个人新诗集，此后更多的诗人开始白话诗的创作。

1921年7月，文学研究会——新文学运动中最早的文学社团成立，代表诗人有鲁迅、冰心、朱自清、周作人等。

1921年7月，郭沫若等人成立创造社，前期的创造社具有唯美抒情倾向，后有冯乃超等参加。

1922年3月，应修人、汪静之、潘漠华、冯雪峰四人在杭州结成诗社，形成了历史上的湖畔诗派。

1923年，胡适、徐志摩、闻一多、梁实秋、陈源等成立新月社，提倡现代格律诗。

1925年，受法国象征主义的影响，以李金发为代表的中国早期象征诗派出现。

20世纪20年代代表诗人有徐志摩、闻一多、李金发、穆木天、冯至等。徐志摩（1897—1931），新月派诗人，曾任《新月》杂志主编，代表作品有《志摩的诗》《翡冷翠的一夜》《猛虎集》等。闻一多（1899—1946），原名闻家骅。曾与梁实秋等成立清华文学社，代表作品有《红烛》《死水》等。李金发（1900—1976），原名李淑良，象征主义诗歌的代表人《微雨》《为幸福而歌》等。穆木天（1900—1971），原名穆敬熙，现代诗人翻译家，代表作品有《旅心》《流亡者之歌》《新的旅途》等。冯至（1905—1993），原名冯承植，1925年成立沉钟社，出版《沉钟》，代表作品有《昨日之歌》《北游及其他》等。

1932年，《现代》杂志在上海创刊，成为诗人发表诗作的重要刊物，施蛰存任主编。

1935年，现代派出现，它是由新月派和象征派演变而来的，孙作云首次提出现代派的概念，代表诗人有戴望舒、卞之琳等。

1936年，卞之琳、何其芳、李广田三人出版合集《汉园集》，因此被称为"汉园三诗人"。

1937年，七月派：《七月》（主编胡风）及《希望》等杂志及丛书上出现的诗人群，被称为"七月派"，代表诗人有艾青等。

20世纪30年代代表诗人有林徽因、戴望舒、李广田、艾青、卞之琳、何其芳、南星、辛笛、覃子豪、纪弦。林徽因（1904—1955），原名徽音，代表作品有《林徽因诗集》。戴望舒（1905—1950），1926年创办《璎珞》旬刊，成名作为《雨巷》《望舒草》《望舒诗稿》等。李广田（1906—1968），与卞之琳、何其芳一起被称为"汉园三诗人"，代表作品有《汉园集》《春城集》等。艾青（1910—1996），原名蒋海澄，成名作为《大堰河——我的保姆》，代表作品有《大堰河》《北方》等。卞之琳（1910—2000），曾用笔名季陵，代表作品有《三秋草》《鱼目集》《慰劳信集》等。何其芳（1912—1977），原名何永芳，1931年开始发表作品，代表作品有《预言》《夜歌》等。南星（1910—1996），原名杜南星，代表作品有《石象辞》《松堂集》等。辛笛（1912—2004），原名王馨迪，代表作品有《手掌集》《辛笛诗稿》《印象——花束》等。

覃子豪（1912—1963），主编《蓝星周刊》《蓝星诗选》和《蓝星季刊》，代表作品有《自由的旗》《海洋诗抄》等。纪弦（1913年— ），本名路逾，16岁开始写诗，曾创办《现代诗》月刊及季刊。

20世纪40年代中后期的中国新诗是指诗人在《诗创造》《中国新诗》等刊物上发表的现代主义作品，代表诗人有穆旦、杜运燮等。

九叶诗派：由穆旦、郑敏、杜运燮、袁可嘉、辛笛、陈敬容、杭约赫、唐祈、唐湜等构成的诗派，作品有《九叶集》。

40年代代表诗人有王佐良、陈敬容、杜运燮、穆旦、罗寄一、郑敏、唐祈、袁可嘉、牛汉、屠岸。王佐良（1916—1995），英国文学研究专家，代表作品有《他》《巴黎码头边》《1948年圣诞》等。陈敬容（1917—1989），原名陈懿范，代表作品有《交响集》《盈盈集》《老去的是时间》等。杜运燮（1915—2002），毕业于西南联合大学外文系，代表作品有《诗四十首》《晚稻集》等。穆旦（1918—1977），原名查良铮，著名诗人和诗歌翻译家，代表作品有《探险队》《穆旦诗集》《旗》等。罗寄一（1920—2003），原名江瑞熙，1943年毕业于法商学院，代表作品有《诗音乐的抒情诗》《一月一日》等。郑敏（1920— ），中国现代女诗人，代表作品有《诗集1942—1947》《寻觅集》《心象》等。唐祈（1920—1990），原名唐克蕃，九叶诗派的重要诗人之一，代表作品有《诗第一册》《唐祈诗选》等。袁可嘉（1921— ），诗人，翻译家，1946年毕业于西南联合大学外语系，代表作品有《半个世纪的脚印》等。牛汉（1923— ），原名史成汉，七月诗派的重要成员，代表作品有《彩色的生活》《爱与歌》《温泉》等。屠岸（1923— ），本名蒋壁厚，文学翻译家，作家，编辑，代表作品有《屠岸十四行诗》《哑歌人的自白》等。

现实主义诗派：20世纪50年代开始全国报纸杂志上发表了大量的现实主义诗歌，代表诗人有李瑛、郭小川、公刘等。

1953年，纪弦创办《现代诗》季刊，参加该诗刊的还有杨唤、林泠、元思、羊令野、郑愁予等。

1954年，余光中等成立蓝星诗社，代表诗人有覃子豪、钟鼎文、余光中、罗门、蓉子等。

1954年10月，洛夫、张默、痖弦等发起创世纪诗社，出版《创世纪》诗刊。

1956年纪弦号召诗坛同仁组成现代派，提倡新现代主义，掀起自由诗运动及现代诗运动。

1957年1月，臧克家等诗人成立专业性文学刊物《诗刊》。

1957年1月，《星星》诗刊在成都创刊，成为当时最具影响力的诗刊之一。

50年代代表诗人有周梦蝶、余光中、洛夫、罗门、蓉子、林泠。周梦蝶（1920— ），本名周起述，代表作品有《孤独国》《还魂草》等。余光中（1928— ），中国台湾诗人与散文家，主编《蓝星诗页》，代表作品有《舟子的悲歌》《莲的联想》等。罗门（1928— ），原名韩仁存，中国台湾诗人，代表作品有《曙光》《死亡之塔》《罗门诗选》等。蓉子（1928— ），本名王蓉芷，主持后期《蓝星诗页》，代表作品有《青鸟集》《七月的南方》《蓉子诗抄》等。林泠（1938— ），本名胡云裳，15岁发表《流浪人》，代表作品有《林泠诗集》等。

20世纪60年代代表诗人有郑愁予、任洪渊、杨牧、叶维廉、食指、痖弦、昌耀、林泠。郑愁予（1933— ），本名郑文韬，现代诗社的主要成员，代表作品有《梦土上》《衣钵》《燕人行》

等。任洪渊（1937—　），1961年毕业于北京师范大学中文系，代表作品有《女娲的语言》等。杨牧（1940—　），原名王靖献，曾主编《东风》杂志，代表作品有《水之湄》《传说》《禁忌的游戏》等。叶维廉（1937—　），在比较文学方面有突出贡献，代表作品有《赋格》《愁渡》《醒之边缘》等。食指（1948—　），原名郭路生，新诗潮诗歌第一人，代表作品有《相信未来》《食指黑大春现代抒情诗合集》等。

20世纪70年代末期，中国出现大批优秀诗人发表新风格的现代意象诗，形成朦胧派。

1978年12月，北岛、芒克等创办《今天》，推出北岛、杨炼、顾城、江河、舒婷、芒克、严力等朦胧诗人的作品。

白洋淀诗群属于朦胧诗人群，白洋淀是聚集高官子弟的河北知青点，代表诗人有芒克、多多、根子等。

70年代末，在《诗刊》《星星》上发表新现实主义诗歌形成新现实主义诗派，代表诗人有叶延滨、流沙河、傅天琳等。

20世纪70年代代表诗人有江河、北岛、芒克、多多、舒婷、刘自立、严力、杨炼、梁小斌、顾城等。江河（1949—　），原名于友泽，朦胧诗人之一，代表作品有《从这里开始》《太阳和他的反光》等。北岛（1949—　），原名赵振开，曾获得诺贝尔文学奖提名，代表作品有《北岛诗选》《在天涯》《午夜歌手》等。芒克（1950—　），原名姜世伟，1978年与北岛创办《今天》，代表作品有《阳光中的向日葵》《芒克诗选》等。多多（1951—　），出生于北京，朦胧诗代表之一，代表作品有《行礼:诗38首》《里程:多多诗选1973—1988》等。舒婷（1952—　），原名龚佩瑜，1969年开始写作，1979年开始发表新诗，代表作品有《双桅船》。刘自立（1952—　），70年代开始文学创作，《今天》的重要成员，代表作品有《欢乐颂》。严力（1954—　），朦胧诗代表诗人之一，代表作品有《这首诗可能还不错》《黄昏制造者》《严力诗选》。杨炼（1955—　），朦胧诗的代表人物之一，代表作品有《今天》《礼魂》《荒魂》《黄》。梁小斌（1954—　），朦胧诗代表诗人，代表作品有《少女军鼓队》等。

20世纪80年代的代表诗人有廖亦武、孙文波、吕德安、韩东、骆一禾、孟浪、陆忆敏、陈东东、万夏、杨黎、张枣、李亚伟、西川、海子、小海等。廖亦武（1958—　），1983年与周伦佑等人创办民间诗刊《后朦胧诗全集》。孙文波（1956—　），当代诗人，代表作品有《地图上的旅行》《给小蓓的俪歌》《孙文波的诗》。吕德安（1960—　），当代诗人，画家，代表作品有《南方以北》《顽石》等。韩东（1961—　），80年代与李亚伟等人推出先锋派诗歌新潮，代表作品有《有关大雁塔》《你见过大海》。骆一禾(1961—1989),1983年开始发表诗作和诗论，两次获奖，代表作品有《世界的血》。孟浪（1961—　），原名孟俊良，当代诗人，代表作品有《本世纪的一个生者》《连朝霞也是陈腐的》。陆忆敏（1962—　），第三代诗人代表之一，代表作品有《后朦胧诗全集》。陈东东（1961—　），第三代诗人代表，1981年开始写诗，代表作品有《海神的一夜》。万夏（1962—　），1984年与李亚伟等共创莽汉主义诗歌流派，代表作品有《后朦胧诗全集》。杨黎（1962—　），1986年和周伦佑等创办《非非》，代表作品有《小杨与马丽》。张枣（1962—　),中国先锋诗歌的主要代表，代表作品有《春秋来信》等。李亚伟（1963—　），1984年与万夏等人创立了莽汉诗歌流派，代表作品有《后朦胧诗全集》。西川（1963—　），原名刘军，曾与友人创办《倾向》，代表作品有:《虚构的家谱》《大意如此》

《西川的诗》。海子（1964—1989），原名查海生，杰出的当代诗人，代表作品有《河流》《传说》《但是水、水》。小海（1965— ），本名涂海燕，南京大学中文系毕业，代表作品有《必须弯腰拔草到午后》。

当代十大诗人有北岛、西川、于坚、翟永明、昌耀、海子、欧阳江河、杨炼、王小妮、多多。

（潘春华 百度网络转载，有改动）

综合实践活动课：诗歌朗诵会

1. 目的与任务

1）让学生进一步了解诗歌、喜爱诗歌，陶冶学生艺术情操，提升学生的诗歌朗诵水平和语文素养。

2）培养学生与人合作能力和自我展示能力，促进学生综合素质的全面提高。

2. 活动流程

（1）活动准备

1）制定活动计划。

2）选定主持人，分集体、小组、寝室、男女等形式，确定人员和朗诵内容，以本单元诗歌为主。

3）设计串词，坚持"自然、流畅、简练、新颖、妙趣、达理"的原则。

（2）朗诵过程（活动中心工作）

1）要求学生理解诗歌、体味作者抒发的情感。

2）掌握诗歌朗诵中抑扬顿挫、轻重缓急的技巧。

3）朗诵形式多样化，富有创意，适当运用音乐和道具。

（3）总结和后期整理

总结与整理，以便提高。

单元四
瓷 韵 人 生

单 元 导 语

青瓷是中国陶瓷奇葩，历来不乏爱瓷、赏瓷、藏瓷、制瓷和烧瓷者。为了挖掘青瓷艺术文化意蕴，2015年龙泉市组织了本土文人墨客，对大师们的青瓷作品进行了摄影、绘画、撰文等多种形式的鉴赏活动，既是赏瓷，更是借此抒发作者对艺术和人生的思考。本单元从品瓷和赏瓷的作品中选取了短小精悍的六篇美文供学生诵读和精读。那优美的青瓷作品意境引人共鸣，令人感怀；那精练的文字，写尽了人生的悲欢离合与世事沉浮，抒发了作者的高贵气节与美好祝愿。学生通过观察图片和诵读文章，可感受作品的内涵和意境，吸收文章中蕴含的语文素养。

龙泉市中等职业学校学生作品展

《赏叶芳青瓷配饰〈待月满池塘〉》，借一件挂饰描绘出月境和水境，咏月寄情，引导读者展开联想和想象，品味其意蕴。《当黑玉与青玉相遇——品王利军青瓷作品〈牡丹图〉》，通过对传统器型——梅瓶的鉴赏，领略物华天宝的匠心与巧手。《赏叶克明〈哥窑长颈玉壶春〉》，通过鉴赏哥窑的玉壶春，抒发了"年年月月月相似，而人生代代轮回无穷已"的深情与感悟。《赏毛剑波的〈壶语〉》，蕴含着丰富的想象、奇特的构思与深邃的意境，表达了作者不同的心境与情感。《品鉴徐诗微的〈流年〉》，以紫金冠象征生命似水流年，诠释着人生。

　　本单元文本教学结束，组织学生进行一场以"青瓷与人生"为主题的讨论活动，使学生进一步领会到青瓷艺术往往是人生写照。最后安排了写作训练，学生鉴赏师生青瓷作品，写一篇五百字左右的欣赏文章，旨在让学生体味青瓷作品的精髓，提高写作水平。

第一节　赏叶芳青瓷配饰《待月满池塘》

洪峰

作品《待月满池塘》

　　明朱承爵在《存余堂诗话》里写道"作诗之妙，全在意境融彻，出音声之外，乃得真味"。诗如此，瓷何尝不是如此。

　　一件好的艺术品，既要有意象，更要有意境。意象是审美的广度，意境是审美的深度。意为主观，境为客观；意为情与理，境为形与神。当情理、形神相互渗透交融，意境自然油然而生。

　　眼前这件青瓷配饰，设计师给它取了个诗意之名——待月满池塘。

　　它是一件挂饰，饰器圆面直径不过几厘米，但画面感非常强。一半为青釉片，青润玉翠，梅子青厚釉，宛若一池绿潭。绿是一种容易让人上瘾的色彩，隐藏在釉水深处散发出的绿，更具深度，也更耐人寻味。另一半为银器，雕琢出若张大小不一的荷叶，表面作拉丝处理，宛如夜风拂过水面，银辉铺洒，月华如练，优美呈现。为增添动感，设计师还在银器那半边雕刻出一只小青蛙，它四肢张开，在水中畅游。

　　《待月满池塘》展现的是一出月境、水境。但设计者并未直白地雕刻一枚月亮，而是借月光拂过水面时带来的月华效果来体现和诠释，这是作品的巧妙之处。月与水，自古以来就是最容易创造意境的两大元素，古代诗词，咏月寄情或望水生情，写下无数回味诗篇。

　　一池半边有月华半边还在等待月华出现的水塘，此为意象，亦是通常我们所说的景象。但意境创造并不在于有这样具体景象，而在于由这些具体景象所构成的，存在于具体景象之外的艺术意蕴。以景传情，情由景生，正是如此。设计师以心灵印射万象，借水、月、荷、蛙这些自然景象，来抒发自己主观的生命情调。

　　无意去揣测设计师当时设计此件作品时的心境。一件优秀的艺术品，给每个人带来的都是不一样的意境。正所谓月华忖情思，从浮华中走过的人，会觉得这件作品能够让人安静，让人觉思。远离故土的游子，会借此思念故乡，如水月光，如水情思，绵绵悠长。月升月落，自然规律，人生何尝不是如此，由少及老，但只要内心恒有一池绿意，那生命之趣就长久存在。

　　作为一件青瓷配饰，"待月满池塘"通过精心设计，巧妙运用青釉片，让龙泉青瓷美学价值的核心所在——青釉之美得以充分体现，成为创造意境的不可或缺的元素。多次施釉，历经1300℃高温烧制形成的原矿厚釉，肥如凝脂，温润莹澈，盈盈玉透之美，美得自然，美得长久，也美得深邃，让意境油然而生。

　　所以，一件优秀的青瓷配饰，并不在于青釉片或青釉滴有多少名贵，而在于整个设计里面由青瓷元素所能营造出的意境有多少。假如青瓷元素一旦缺失，整件配饰就会全然失色，那足以说明青瓷元素的不可替代性和唯一性。假如可以轻易用更为昂贵的翡翠或宝石去替代，那只能说明它的设计还不尽完美，意境营造还不够到位。

　　在青瓷配饰中，青瓷元素所呈现出的青之美，是一种大自然的感性之美，是一种朴素、恬淡的"无为"之美。正所谓"饰无瓷不雅"，它宣扬的是一种儒雅之风，而并非厚重历史。倘若非要固执地去体现或宣扬青瓷的千年历史，倒不如直接把一枚古瓷片佩戴身上。

　　就青瓷类别而言，青瓷配饰雷同于诗歌中的"微型诗"，若无"毫光照大千，一叶见如来"本领，很难以小见大。"螺蛳壳里做道场"，这就要求青瓷配饰要极精极细，极巧极致，忖思藏意，虚实相生。

　　一位优秀的青瓷配饰设计师，不一定非要是诗人或画家，但必须具备诗人或画家的灵气和潜质，并且是一个爱青瓷、懂青瓷的人。透过"待月满池塘"，我更加确信如此。

1. 请解释下列词语。

   油然而生

   盈盈玉透

   肥如凝脂

   忖思藏意

   螺蛳壳里做道场

2. 如何理解"一位优秀的青瓷配饰设计师，不一定非要是诗人或画家，但必须具备诗人或画家的灵气和潜质，并且是一个爱青瓷、懂青瓷的人"？

3. 根据对课文理解，简要概括《待月满池塘》的艺术特色。

第二节　当黑玉与青玉相遇

——品王利军青瓷作品《牡丹图》

金少芬

作品《牡丹图》

花朵娇艳饱满，花瓣重重叠叠，花色数不胜数，她是百花之冠，香艳之首。而那朵最引人瞩目的紫红牡丹，容颜因浓郁的紫而接近黑，有着俱绝的色香，因而这世上便有了"黑牡丹"及"冠世黑玉"的美誉。

一株黑牡丹，便可望尽满园春色，闻断百花之香。一朵花中黑玉，写意、流畅而灵动，花斑料结晶出来的黑褐色光泽，色调柔和而富有层次。丰满的花骨，漫溢着袭人的馨香，渲染而开的是富贵、吉祥、繁荣、幸福。

梅瓶自古就是闻名遐迩的传统器型，施以梅子青的厚釉，便是一瓶瓷中青玉，在温婉的青色与瓷骨间，深藏着一种勇于挑战的精神与高贵气质。

在龙泉窑火的热烈里，它们相遇，相知，在高温浴火的洗礼下，它们结合，直至血脉相融，最终拥有，如此和谐与完美的结局与归属，这是造物主用物华天宝的匠心与巧手，赋予了它们旷世里的绝配……

练习与思考 >>>

1. 作者认为"牡丹图"有何艺术特色？

2. "一株黑牡丹，便可望尽满园春色，闻断百花之香。"联系实际生活，谈谈你的理解。

第三节　赏叶克明《哥窑长颈玉壶春》

魏东明

作品《哥窑长颈玉壶春》

　　秋风起，丹桂黄菊次第开。在桂下菊前把一樽玉壶春酒对月，看浩瀚苍穹悬一轮明月，清辉晶莹，光华流转，在朱阁绮户间倾洒。花香缕缕，遐想也无垠。每一次见到哥窑，我都会生出今夕何夕的感慨。人生转瞬间，一个人的沧桑就足以令他容颜苍老、心裂如纹。更何况家国沧桑，从宋室的"崖山"至今，千余年的悠悠，无数次的风云激荡，道不尽的兴废更替。哥窑，你的身心要绽裂多少次，才可以把千年的沧桑写满？

　　有一种瓷瓶叫玉壶春，有一种酒也叫玉壶春。瓷如玉，有玉之德，故有玉壶瓷瓶。酒名含春，如五粮春、剑南春，是不是应了饮者满面春风、春风得意的心境呢？玉壶春，包含匠人对人生多么美好的向往与诠释。而以哥窑入玉壶春，又包含匠人对岁月多少的深情与感悟啊！

年年月月月相似，而人生代代轮回无穷已。不妨现在，将一份月光和青春一起装进哥窑玉壶春里，用岁月慢慢温起来。等到韶华过尽，在某个明月东山上的中秋夜，再掀开瓶盖，慢慢品尝。我会在菊前桂下，等你。

练习与思考 >>>

1. 如何理解"年年月月月相似，而人生代代轮回无穷已"的含义？

2. "玉壶春"既是酒又是青瓷壶，作者是如何将它们联系起来的？

第四节　赏毛剑波的《壶语》

吴梅英

作品《壶语》

超越浮尘喧嚣，静候宁静安详。不曾盼望，未曾眷恋，唯将青泥和清泉，叙一段宛转流年，奏一曲云水禅心。

茕立岁月深处，将静好光阴轻轻碰触，一份闲逸，在时空里慢慢流转；一种欢愉，于天地间悄悄弥漫。风雨，清辉，波纹，云朵，急流，浅滩，成丝丝缕缕牵念，成点点滴滴感怀，缀在枝头，舞在浪尖，暖暖的，柔柔的，淡淡的，浅浅的，如烟，如雾，如梦，如幻，如你我。

生命情愫，因缘和合，一只壶，读懂水的灵动与不争；一川水，明了壶的无言与包容。壶与水，天与地，人与草木、与山川、与鸟兽虫鱼，本自逍遥，本自欢喜。

壶语无声，壶言无痕，一抹青碧，泼出一袭烟雨；壶色淡雅，壶泽纯洁，几许情深，揉成低吟浅唱。滴水入波纹，片云出岩岫，醒也安然，梦也安然，坐也安然，行也安然。

人生至境，唯一壶，一心，一念，一悟而已。

【作者简介】

吴梅英，1974 年生于龙泉市龙南乡。高级教师，一直从事语文教学工作，现供职于龙泉市中等职业学校，担任金沙读书社秘书长。

练习与思考 》》》

1. 理解文章最后语句"人生至境，唯一壶，一心，一念，一悟而已"。

2. 本文在语言上有什么特色？

3. 作者认为"壶语"有哪些含义？

第五节　品鉴徐诗微的《流年》*

张建青

一条河流，还有那高耸的紫金冠。

溪水从幽幽的大山、皑皑的雪域高原流出，通体盈盈的粉青，在紫金冠的引领下，一路前行。

溪水蜿蜒流淌，歌声婉转飘扬。细柳依依，春潮荡荡；落霞飞燕，秋水长天。流水东去，像离开故乡一样眷念大山，如憧憬爱情一般奔向远方。愁绪沉渊欢欣浮面，明月星光揽入怀；山影云影随波逐浪，丽阳蒸腾风飘

作品《流年》

散，又将春风化雨。流水不知疲倦、风雨兼程，舒缓时犹太极意念漫漫，急切时似雀跃马蹄

声声。流水拍打着、冲击着、抚摸着心灵的石子。每一颗每一块石子呵，无论沉寂还是翘首，平凡抑或峥嵘，都是脚步磨砺的印迹，都是记忆的沉淀。河床里坚守的石子，站成似水流年。

或许有人说，流年拍打的江山总要苍老；火焰上燃烧后都是灰烬。可眼前分明是揉水的泥土在时空的母体里浴火重生，是流年拍打出的青色——淡淡的青色。浪花随流水蜿蜒舞蹈，在柔柔的粉青的底色上诗意地绽放。

我的流年，我的紫金冠。

练习与思考 >>>

1. 查阅词典，说说"流年"的多层含义，并说明在文章中指什么。

2. 读完本文，对你人生有什么启发？

第六节　赏曾温龙作品《盖罐》*

洪声保

"云想衣裳花想容，春风拂槛露华浓。"千年前，李白那说不尽道不明的诗情画意，在龙泉瓷匠的心坎上翩然浮动，于是瓷泥有了生命的柔情，青釉滋生润泽的华章。

作品《盖罐》

也许在人潮的喧哗中，偶一眼瞥见你青葱的容颜，那是花样的年华，冰肌玉肤，不胜鲛绡的美丽。当时只道是寻常，有谁珍惜拥有过的美丽，有谁忘却曾经的情意。那"在天愿为比翼鸟，在地愿为连理枝"的誓言，却经不起"两情若是长久时，又岂在朝朝暮暮"的考验。

面对曾经的沧海，心中仍留下那朵巫山之云。时间虽能淡去一切，却无法让人忘却，曾经的美丽已是一抹残云存于天际。花开花谢，阅尽人世沧桑。绽放时灿烂,凋零后余香。爱过了，错过了，泪过了，痛过了，那淡淡余香，脉脉残念，已成水中月、镜中花。

人生若只如初见，当时只道是寻常。但愿借一竿竹，撑一孤舟，一起相伴雨季，走过年华。

【作者简介】

洪声保，男，1961年生于龙泉市。龙泉市中等职业学校高级教师，丽水市学科带头人，浙江省青瓷行业协会常务副秘书长，编写专业教材《走进青瓷》，曾在报纸杂志上发表有关青瓷研究文章20多篇。

练习与思考 >>>

1. 作者引用李白诗句为开头有什么作用？表达了什么情感？

2. 如何理解"爱过了，错过了，泪过了，痛过了，那淡淡余香，脉脉残念，已成水中月、镜中花"？

3. 从文章看，"盖罐"与"人生"有何联系？

第七节　课外阅读：现代美文两篇*

（一）米洛斯的维纳斯

[日] 清冈卓行　袁洪庚　译

我欣赏着米洛斯的维纳斯，一个奇怪的念头忽地攫住我的心——她为了如此秀丽迷人，必须失去双臂。也就是说，使人不能不感到，这座丧失了双臂的雕像中，人们称为美术作品命运的、同创作者毫无关系的某些东西正出神入化地烘托着作品。

据说，这座用帕罗斯岛产的大理石雕刻而成的维纳斯像，是 19 世纪初叶米洛斯岛的一个农人在无意中发掘出来的，后被法国人购下，搬进了巴黎的罗浮宫博物馆。那时候，维纳斯就把她那条玉臂巧妙地遗忘在故乡希腊的大海或是陆地的某个角落里，或者可以说是遗忘在俗世人间的某个秘密场所。不，说得更为正确些，她是为了自己的丽姿，无意识地隐藏了那两条玉臂，为了漂向更远更远的国度，为了超越更久更久的时代。对此，我既感到这是一次从特殊转向普遍的毫不矫揉造作的飞跃，也认为这是一次借舍弃部分来获取完整的偶然追求。

米洛斯的维纳斯

　　我并不是想在这里玩弄标新立异之说。我说的是我的实际感受。毋庸赘言，米洛斯的维纳斯显示了高贵典雅同丰满诱人的惊人的调和。可以说，她是一个美的典型。无论是她的秀颜，还是从她那丰腴的前胸伸延向腹部的曲线，或是她的脊背，不管你欣赏哪儿，无处不洋溢着匀称的魅力，使人百看不厌。而且，和这些部分相比较，人们会突然觉察到，那失去了的双臂正浓浓地散发着一种难以准确描绘的神秘气氛，或者可以说，正深深地孕育着具有多种多样可能性的生命之梦。换言之，米洛斯的维纳斯虽然失去了两条由大理石雕刻成的美丽臂膊，却出乎意料地获得了一种不可思议的抽象的艺术效果，向人们暗示着可能存在的无数双秀美的玉臂。尽管这艺术效果一半是由偶然所产生，然而这却是向着无比神妙的整体美的奋然一跃呀！人们只要一度被这神秘气氛所迷，必将暗自畏惧两条一览无遗的胳膊会重新出现在这座雕像上。哪怕那是两条如何令人销魂勾魄的玉臂！

因此，对我来说，关于复原米洛斯的维纳斯那两条已经丢失了的胳膊的方案，我只能认为全是些倒人胃口的方案，全是些奇谈怪论。当然，那些方案对丧失了的原形是做过客观推定的，所以，为复原所做的一切尝试，都是顺理成章的。我只不过是自找烦恼而已。然而，人们对丧失了的东西已经有过一次发自内心的感动之后，恐怕再也不会被以前的、尚未丧失的往昔所打动了吧。因为在这里成为问题的，已不是艺术效果上的数量的变化，而是质量的变化了。当艺术效果的高度本身已经迥然不同之时，那种可以称为对欣赏品的爱的感动，怎能再回溯而上，转移到另一个不同对象上去呢？这一方是包孕着不尽梦幻的"无"，而那一方却是受到限制的、不充分的"有"，哪怕它是何等地精美绝伦。

比如，也许她的左手掌上托着一只苹果，也许是被人像柱支托着，或者是擎着盾牌，抑或是玉笏？不，兴许根本不是那样，而是一座显露着入浴前或入浴后羞羞答答的娇姿的雕像。而且可以进一步驰骋想象——会不会其实她不是一座单身像，而是群像中的一个人物，她的左手搭放在恋人的肩头。人们从考证的角度，从想象的角度，提出形形色色的复原试案。我阅读着这方面的书籍，翻阅着书中的说明图，一种恐惧、空虚的感觉袭上心来。选择出来的任何一种形象，都如我方才所述，根本不能产生超越"丧失"的美感。如果发现了真正的原形，我对此无法再抱一丝怀疑而只能相信时，那我将怀着一腔怒火，否定掉那个真正的原形，而用的正是艺术的名义。

在这里从别的意义上讲，令人饶有兴趣的是，除了两条胳膊之外，其他任何部位都丧失不得。假定丧失的不是两条胳膊，而是其他的肉体部分，恐怕也就不会产生我在这篇文章中谈到的魅力了。譬如说，眼睛被捅坏了，鼻子缺落了，或是乳房被拧掉了，而两条胳膊却完好无损地安然存在着，那么，这座雕像兴许就不可能放射出变幻无穷的生命光彩了。

为什么丧失的部位必须是两条胳膊呢？这里我无意接受雕刻方面的美学理论。我只是想强调胳膊——说得更确切些，是手——在人的存在中所具有的象征意义。手，最深刻、最根本地意味着的东西是什么呢？当然，它有着实体和象征之间的一定程度的调和，但它是人同世界、同他人或者同自己进行千变万化交涉的手段。换言之，它是这些关系的媒介物，或者是这些千变万化交涉的原则性方式。正因为如此，一个哲学家所使用的"机械是手的延长"的比喻，才会那么动听，文学家竭力赞颂初次捏握情人手掌时的幸福感受的述怀，才会拥有不可思议的严肃力量。不管是哪种场合，这都是极其自然，极其富有人性的。而背负着美术作品命运的米洛斯的维纳斯那失去了的双臂，对这些比喻、赞颂来说，却是一种令人难以相信的讥讽。反过来，米洛斯的维纳斯正是丢失了她的双臂，才奏响了追求可能存在的无数双手的梦幻曲。

【作者简介】

清冈卓行，男，生于1922年，日本当代诗人、小说家。

1. 请正确拼读下列词语。

丰腴（　　）　　烘托（　　）　　矫揉造作（　　）　　妩媚（　　）

气氛（　　）　　髋部（　　）　　毋庸赘言（　　）　　玉笏（　　）

攫住（　　）　　匀称（　　）　　迥然不同（　　）

2. 理解句子。

（1）课文中"为了漂向更远更远的国度"是什么意思？

（2）"为了超越更久更久的时代"是什么意思？

（3）结合全文，说明句子"人们只要一度被这神秘气氛所迷，必将暗自畏惧两条一览无遗的胳膊会重新出现在这雕像上。哪怕那是两条如何令人销魂勾魄的玉臂"的含意。

（4）"这是一次借舍弃部分来获取完整的偶然追求"，这"偶然追求"的意思是什么？

3. 对于米洛斯的维纳斯，作者从不同层面进行了评价：

① 对她本身所作的评价是：（不超过 20 字）

② "丢失玉臂"的好处是：（不超过 25 字）

③ 作者概括了自己的感受，揭示了"双臂残缺"的两个意义：（各不超过 25 字）

4. 你认为，应该如何欣赏一件陶瓷艺术品？

（二）瓷器的意味

池莉

只要日子一好，瓷器就是一个好东西。现在人们越来越觉得瓷器是个好东西了。

比如许多人搬了新家或是装修房子，只要稍有余地，便会置一架多宝柜，架上最少不了的就是瓷器。瓷器的确是好看，其质地、造型、图案、色彩，没有其他什么工艺品可以媲美，实在是一件无可非议的雅物。一般的东西，单从名字上看不出太大的好处，房子就是房子，住人的地方。只有瓷器的名字取得讲究，如叫什么青花釉里红玉表春瓶的，简直就像欧洲古典女人的长裙，是绝不肯平铺直叙的，到处都镶了繁复的精致的华丽的花边，修饰出无穷尽的意味。

现在，瓷器毫无疑问是一件大雅之物。

　　然而它是怎么来的？是做什么用的？这么往深处一想，就会发现瓷器原来是一个大俗之物。瓷器原来是作吃喝拉撒用的，最初脱胎于陶器。在汉代之前，一般都烧制陶器，它的发明和用途直接源于人类基本生活的需要。

　　陶器发现的年代早，据说原始社会的燧人氏就会制造陶器了。人类懂得了使用火，用火烤熟的食物是烫的，这就要求使用相应的容器，于是各种各样的为生活服务的陶器便被创造了出来。釉是汉代发明的，有了釉之后，陶器便向瓷器大大地前进了一步。但是瓷器也仍然是用于实际生活的，等到在现实生活中足够使用了，人们的物质生活也比较丰富了，这才有少数人的艺术天分开始觉醒，更高的追求出现了。真正作为单纯欣赏对象的精美瓷器这才出世。这个年代就是我们民族历史上的鼎盛时期——唐代。

　　唐代首开瓷器艺术的风气之先，想必也是因为丰衣足食之后无所事事，便有了多余的精力去热乎艺术。那时候，一件精美的瓷器作品出来，人们便口口相传。传到社会上有钱有势的人那儿，他们就不惜千金购买了过去，藏入深宅观赏把玩，一帮文人骚客也为其吟诗作画。一来二去，瓷器的佳名传到宫廷，皇家也是凡人，对瓷器的喜欢也是有的，不喜欢也是有的，但是既然达官贵人这般青睐瓷器，在社会上又有了文名，皇家也难免附庸风雅，也欣赏把玩起瓷器来。瓷器贵入宫廷，反过来又刺激了社会。商人有利可图，他们便会投资瓷器工艺，工匠自然受到了极大的鼓舞，艺术灵感喷薄而出。就这样，一波波，一浪浪，推动着瓷器精益求精的创作，直到宋代的登峰造极。在几千年的时间里，大浪淘沙，肉腐骨存，瓷器终于完全摆脱了最初的粗陋面目，登堂入室，成了艺术品。

　　尽管瓷器已经被公认为艺术品，但至今为止，用于吃喝拉撒的瓷器器皿还是用于吃喝拉撒，并没有因为成了价值连城的艺术品而失去世俗性，世俗是瓷器厚实而庞大的艺术基础，在这个基础上，它才一步步登高，越来越好，艺无止境，美无止境。可见大雅寓于大俗，无俗也就无雅，不俗也就不雅，俗雅其实是一体的。

　　再说了，即便是当年官窑出的夜壶，皇帝撒过尿，诗人写过诗，你就是不在乎它，不供在博古架上，不送给博物馆，不卖给文物商店和收藏家，依然拿它撒尿，它也就无所谓俗雅。它做一天和尚撞一天钟，尽自己的本色就是。这就好比一个人出了家，超尘脱俗，不在红尘话语中，自然又是一重清凉境界了。这是艺术和做人最难得的境界，就是做到了别人也无从知道，因为它不再在任何媒体露面和喧哗，大众很快就忘记了它。只有在意外的或者偶然的某一刻，它与它的知音相逢，那一刻当然就是夺人魂魄，惊天地而泣鬼神的了。

【作者简介】

　　池莉，女，湖北人，现居武汉。高中毕业下放农村，插队期间做过乡村小学教师。1976年就读于冶金医学院，毕业后到武汉钢铁公司职工医院做医生。1983年就读于武汉大学中文系，毕业后任武汉市《芳草》文学月刊社文学编辑。1990年进入武汉文学院，从事专业写作。现任武汉文学院院长，中国作家协会全委委员。她自幼喜欢文学写作与阅读，从1979年开始发表文学作品。现有作品三百多万字。主要著作有《池莉文集》（七卷），长篇小说《来来往往》《小姐你早》等。小说获国内各项文学奖四十余种。其小说《烦恼人生》《太阳出世》《你是一条河》《热也好冷也好活着就好》《你以为你是谁》《来来往往》分获《小说月报》第三届、四届、五届、七届、八届百花奖。部分作品有英文、法文、日文等外文译本。

从下列教师和学生的四件获奖作品当中，选择其中一件作品，写一篇 500 字左右的鉴赏短文。

柳云老师作品《峥嵘岁月》

龚倩老师作品《福禄寿》

学生周有斌作品《蝶恋花》

学生胡少芬作品《三阳开泰》

参 考 文 献

石少华.2005.龙泉青瓷赏析.北京：学苑出版社.
朱伯谦.2003.龙泉窑青瓷.杭州：浙江教育出版社.